EL CALENDARIO CRISTIANO

Historia y práctica del año eclesiástico

Fernando Delgadillo López

Editorial Concordia

3558 South Jefferson Avenue, Saint Louis, Missouri, 63118-3968 U.S.A.

Editor: Rev. Héctor Hoppe
Tapa: Florencia Fau-Pieske

El tipo GraecaII que se usa en este libro está disponible en *Linguist's Software, Inc.*, PO Box 580, Edmonds, WA 98020-0580, USA; teléfono (425) 775-1130; www.linguistsoftware.com

Editorial Concordia es una división de Concordia Publishing House.

Impreso en los Estados Unidos de América.

1 2 3 4 5 6 7 8 9 10 14 13 12 11 10 09 08 07 06 05

CONTENIDO

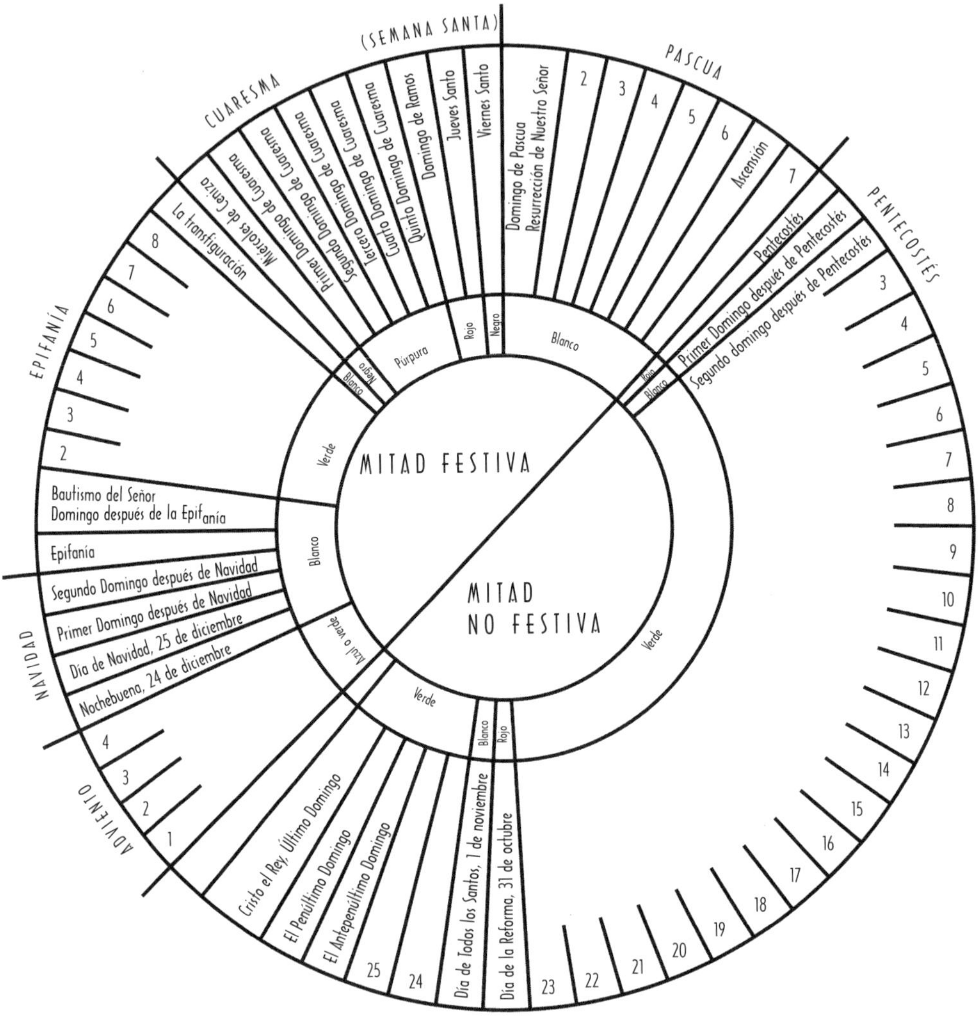

MITAD FESTIVA
MITAD NO FESTIVA
ADVIENTO
1
2
3
4
NAVIDAD
Nochebuena, 24 de diciembre
Día de Navidad, 25 de diciembre
Primer Domingo después de Navidad
Segundo Domingo después de Navidad
Epifanía
Bautismo del Señor
Domingo después de la Epifanía
EPIFANÍA
2
3
4
5
6
7
8
La transfiguración
CUARESMA
Miércoles de Ceniza
Primer Domingo de Cuaresma
Segundo Domingo de Cuaresma
Tercero Domingo de Cuaresma
Cuarto Domingo de Cuaresma
Quinto Domingo de Cuaresma
(SEMANA SANTA)
Domingo de Ramos
Jueves Santo
Viernes Santo
PASCUA
Domingo de Pascua
Resurrección de Nuestro Señor
2
3
4
5
6
Ascensión
7
PENTECOSTÉS
Pentecostés
Primer Domingo después de Pentecostés
Segundo domingo después de Pentecostés
3
4
5
6
7
8
9
10
11
12
13
14
15
16
17
18
19
20
21
22
23
Día de la Reforma, 31 de octubre
Día de Todos los Santos, 1 de noviembre
24
25
El Antepenúltimo Domingo
El Penúltimo Domingo
Cristo el Rey, Último Domingo
Azul o verde
Blanco
Verde
Blanco
Negro
Púrpura
Rojo
Negro
Blanco
Rojo
Blanco
Verde
Blanco
Rojo
Verde

INTRODUCCIÓN

Dios ha mandado que los miembros de su pueblo lo adoren, escuchen su Palabra, usen el Bautismo y la Santa Cena, y se reúnan con frecuencia para compartir la fe. Pero les ha dado libertad respecto de la manera de hacerlo; los lugares, fechas y rituales los dejó para que decidan en su libertad y deseo de hacer lo mejor en cada circunstancia. El Nuevo Testamento dice claramente que los creyentes pueden adorar a su Dios y Salvador en total libertad cristiana, en pasajes como Romanos 14:1-6 y Colosenses 2:16, 17.

Los cristianos son libres de toda ley ceremonial que les exija seguir un calendario, o una secuencia de textos. En la Biblia no hay mandatos de Dios de que celebren la Navidad o la Pascua ni ningún día especial, ni ha estipulado que deban observar festividades específicas.

Tampoco ha prohibido Dios la celebración de festividades religiosas entre su pueblo, ni el establecimiento de un calendario eclesiástico, ni la determinación de una serie de textos bíblicos que sirvan como lectura para cada día del año o como base de la predicación. Ha dado libertad para usar o no usar, observar o no observar rituales específicos y celebraciones religiosas, siempre y cuando no contradigan su Palabra.

Al pueblo de Israel en el Antiguo Testamento, en el pacto que hizo con ellos, Dios les mandó la observancia de días especiales como el Sábado, la Pascua, la Fiesta de las Semanas y el día de la Expiación, y les dio instrucciones específicas; todo está claramente establecido en Levítico 23 y Deuteronomio 16. Dios tuvo un propósito al prescribir la observancia de esas festividades para su pueblo: quería que recordaran sistemáticamente los actos salvadores de Dios en su historia, que le dieran gracias por cada una de esas bendiciones y que pusieran toda su esperanza en el prometido Salvador.

Pero después de la venida del Salvador, los cristianos han sido liberados de todas las imposiciones de la ley respecto de rituales y celebraciones; son libres en la libertad que Cristo les dio. En esa libertad, muchas iglesias cristianas han decidido adoptar días especiales como Navidad, Pascua, Pentecostés, Ascensión y Trinidad; así mismo celebrar fechas especiales como el día de la Reforma y el día de Año Nuevo.

En los dos mil años de la historia de la iglesia, la mayoría de los cristianos han decidido dedicar días especiales para celebrar eventos que tienen que ver con la salvación, como el nacimiento, la muerte y resurrección del Salvador, la venida del Espíritu Santo en Pentecostés, etc., para recordar, celebrar y dar gracias por los actos y las promesas del amor de Dios. Finalmente, en su libertad, en el curso de los siglos, la iglesia diseñó un calendario eclesiástico anual para organizar esos eventos y permitirle al pueblo de Dios recordar, observar, y dar gracias por ellos de manera regular.

Junto con el calendario se adoptaron rituales, series de lecturas bíblicas (leccionarios), música, vestiduras, paramentos, colores litúrgicos, formas y elementos arquitectónicos, y diversos elementos decorativos.

Hoy, la iglesia tiene una herencia que, en su libertad, puede usar o no usar, parcial o totalmente. De hecho, en este aspecto, hay iglesias litúrgicas (que en su libertad han adoptado parcial o totalmente esa herencia) e iglesias no litúrgicas (que en su libertad han decidido no adoptar los elementos tradicionales del calendario eclesiástico). Lutero conservó el orden del año eclesiástico.

En estos asuntos se debe tener cuidado de no imponer la propia voluntad a otros ni juzgar como pecaminoso algo que Dios no ordena ni prohíbe. Sería un error imponer a un cristiano la celebración de determinadas fechas o el uso de rituales prescritos, y también sería un error condenar a un cristiano por celebrar esas fechas o usar esos rituales.

Cuando una congregación cristiana ha adoptado tradicionalmente el calendario eclesiástico y sus elementos asociados, o decide adoptarlo a partir de cierto momento, es necesario que los pastores y maestros se instruyan convenientemente e instruyan a los fieles, les expliquen claramente su propósito, significado y utilidad.

Hay algunos principios bíblicos que se aplican a la adopción del calendario eclesiástico y de todos los usos y costumbres con él relacionados. El apóstol Pablo, inspirado, trata el tema extensamente y nos da enseñanzas precisas en Romanos 14:1-23; 1 Corintios 8:1-13; 10:23-33. Esas enseñanzas dan los siguientes principios:

✦ El amor debe prevalecer sobre el ejercicio de la libertad cristiana. La libertad de un cristiano no debe ser tropiezo para los débiles. Si la libertad de un cristiano escandaliza a un hermano débil en la fe, peca contra Cristo. El cristiano debe abstenerse de toda libertad que pueda hacer caer al hermano débil; no debe ser tropiezo para nadie en la iglesia ni fuera de ella.

✦ No todo lo que es lícito conviene ni edifica; todo lo que el cristiano haga debe hacerlo para la gloria de Dios.

✦ El cristiano no debe buscar su propio bien sino el de los demás.

✦ En su libertad, el cristiano no debe juzgar la conciencia de otro; no debe contender sobre opiniones ni menospreciar o juzgar al que no hace como él. En todo debe hacer lo que contribuya a la paz y a la mutua edificación.

✦ La celebración o no de días especiales para el Señor pertenece a la esfera de la libertad cristiana.

✦ Nada en la esfera de la libertad es pecaminoso en sí mismo; pero si alguien juzga algo como pecaminoso, para esa persona es pecaminoso y debe abstenerse de ello.

✦ El cristiano debe cuidarse de no destruir la obra de Dios por causa de los asuntos de libertad.

Es necesario, entonces, preguntarse si la adopción del calendario y demás elementos asociados, en ejercicio de la libertad cristiana:

✦ Es útil para la función de la iglesia.

- ✦ Es conveniente en las circunstancias propias de la congregación.
- ✦ Puede ser tropiezo para alguno de los hermanos.

EL AÑO ECLESIÁSTICO

El calendario eclesiástico o año litúrgico es el ciclo anual de las celebraciones cristianas, mediante el cual la iglesia ordena la adoración a Dios, la predicación y la enseñanza. La adopción del calendario eclesiástico es útil por las siguientes razones:

- ✦ Da oportunidades de observar, conmemorar y celebrar eventos u ocasiones esenciales de la historia de la salvación y vivir así la fe cristiana.
- ✦ Es un medio para enseñar la historia de la salvación y las doctrinas de la fe cristiana.
- ✦ Produce un sentimiento de unidad entre las comunidades que utilizan el mismo calendario y los mismos leccionarios.
- ✦ Ayuda al predicador a repasar cada año la obra de Cristo y la vida cristiana.
- ✦ Evita la introducción de temas extraños en la predicación y la enseñanza, el énfasis monotemático en los temas preferidos del predicador o el maestro.
- ✦ Le da al culto una forma definida que ayuda a hacer todas las cosas de manera decente y ordenada (1 Corintios 14:40).
- ✦ Las celebraciones mayores como Navidad, Semana Santa, Pascua y Ascensión son motivo de regocijo en la fe para los individuos y las comunidades que aprecian su significado para la salvación y la vida cristiana.

I. EL AÑO ECLESIÁSTICO

DEFINICIÓN

El año eclesiástico consiste en la división de los 365 días en períodos llamados estaciones, con el propósito de centrar los temas de la predicación de la palabra de Dios en los diversos aspectos de la obra salvadora del Señor Jesucristo y de la vida de la iglesia.

El año eclesiástico no es sólo cuestión de domingos y estaciones, es también una manera de vivir la fe; en la medida en que sea observado y vivido, los textos propios de cada semana serán más estimados y más pertinentes para la vida. El orden del año eclesiástico dice también que el Dios verdadero es Dios de orden. Cada semana se ve un nuevo aspecto de Dios, del creyente, y de su relación con Dios.

ESTRUCTURA

En la historia de la iglesia han aparecido diversas formas de estructurar el año eclesiástico. En la actualidad hay una estructura muy generalizada, que es la que se expondrá en este libro. En esta estructura, el año se divide en dos partes de igual extensión: La primera, comienza el primer domingo de Adviento y termina el domingo de Pentecostés; comprende las estaciones de Adviento, Navidad, Epifanía, Cuaresma y Pascua. La segunda comprende sólo una estación, comienza el Domingo de Pentecostés en una tradición, o el Domingo de la Santa Trinidad en otra, y va hasta el fin de la estación de Pentecostés o de Trinidad, respectivamente. Entre algunos luteranos, los últimos cuatro domingos se celebran los tiempos postreros.

El año eclesiástico comienza a finales de noviembre o comienzos de diciembre con la estación de Adviento. Termina con el último domingo después de Pentecostés o de Trinidad, el domingo de Cristo el Rey, dedicado al retorno triunfante de Cristo para juzgar a los vivos y a los muertos. Cada una de las estaciones presenta un aspecto de la vida del Señor Jesucristo y de la vida cristiana y trae enseñanza, consuelo y gozo; por eso importa conocer cuál es el carácter peculiar de cada una de ellas y vivirlas con la mejor disposición. El año eclesiástico es una oportunidad para contar la historia de la obra redentora de Dios en un ciclo anual.

La primera mitad del año eclesiástico se denomina "mitad festiva", su tema principal es la vida del Salvador en el mundo y su sacrificio expiatorio por todos los pecados. Expone el cumplimiento de las profecías del Antiguo Testamento, y la obra del Espíritu Santo en el Nuevo Testamento, trayendo a los hombres a la fe. Contiene tres grandes festividades: Navidad, Pascua y Pentecostés. Considera las profecías mesiánicas, el nacimiento, ministerio, pasión, muerte, resurrección y ascensión del Salvador y la venida del Espíritu Santo a la iglesia; comienza cuatro domingos antes del 25 de diciembre con Adviento y continúa hasta Pentecostés. La secuencia de temas y estaciones es la siguiente:

✦ La venida inicial de Jesús y su regreso al final de los tiempos: Adviento y Navidad

✦ La manifestación de Jesús a todas las naciones: Epifanía

✦ Vida, ministerio, sufrimiento y muerte de Jesús: Cuaresma (que incluye la Semana Santa)

✦ Resurrección de Jesús: Pascua de Resurrección

✦ Regreso triunfal de Jesús al Padre: Ascensión

✦ Cumplimiento de la promesa de Jesús en la venida del Espíritu Santo sobre la iglesia: Pentecostés

La segunda mitad se denomina "mitad no festiva", tiene como tema la vida de la iglesia y del cristiano; considera la vida en Cristo. Se centra en la obra del Espíritu Santo que crea y fortalece la fe en el corazón de cada creyente, en la iglesia como un conjunto, y en la vida del cristiano particular como miembro del cuerpo de Cristo.

Comprende una sola estación: de Pentecostés o Trinidad,

según el sistema que se siga. En otras palabras, los domingos después de Pentecostés o de Trinidad constituyen "la mitad no festiva del año" y tienen instrucciones para la vida en Cristo, o enfatizan la obra de Cristo entre los fieles. Esta estación se conoce también en algunas tradiciones como tiempo ordinario, de la palabra "ordinal", que significa tiempo contado (primer domingo después de Pentecostés, etc.). Comprende un máximo de 27 domingos.

El año eclesiástico, entonces, está constituido por seis estaciones, con doce días festivos principales. Estos días y estaciones son medios de darle forma al tiempo sagrado.

La primera estación, Adviento, comienza cuatro domingos antes de Navidad. En Adviento la iglesia se prepara para la celebración de la venida de Dios encarnado.

El primer día festivo es Navidad, el 25 de diciembre, que celebra el día en que nació Jesús en Belén y señala el comienzo de la segunda estación, de Navidad, que se extiende por 12 días. El 1 de enero se celebra el Nombre de Jesús; en este día el niño Jesús fue circuncidado en una ceremonia judía en que se le daba nombre al recién nacido y era aceptado como miembro de la comunidad. El Nombre de Jesús cae entonces en la estación de Navidad, 8 días después del día de Navidad.

La Epifanía, se celebra el 6 de enero, recuerda el día en que los sabios llegaron del Oriente para adorar al niño Jesús en Belén y traerle regalos de oro, incienso y mirra; señala el comienzo de la tercera estación, de Epifanía, que va hasta el Miércoles de Ceniza, y tiene como máximo ocho domingos. El Bautismo del Señor se celebra el domingo siguiente al día de Epifanía. La Transfiguración del Señor señala el fin de la estación de Epifanía.

El Miércoles de Ceniza señala el comienzo de la cuarta estación, de Cuaresma que se extiende durante 46 días; la última semana de la Cuaresma es la Semana Santa, que comienza el Domingo de Ramos (*Palmarum*), tiene dos celebraciones mayores: Jueves Santo y Viernes Santo y termina el Sábado Santo.

La Pascua, resurrección de Jesús, el suceso más glorioso de su existencia, la prueba más fehaciente de su divinidad y la base inconmovible de la fe cristiana, se celebra un domingo entre el 22 de marzo y el 25 de abril; es el centro del año eclesiástico, señala el comienzo de la quinta estación, de Pascua. En ella se celebra el cumplimiento de la ley por Jesús y su expiación de todos los pecados. La Ascensión de Jesús se celebra el séptimo jueves después de la Pascua.

Pentecostés, conmemora la venida del Espíritu Santo sobre la iglesia reunida en Jerusalén. Aquí se honra la acción del Espíritu Santo que obra por medio de la Palabra y los sacramentos para crear y fortalecer la fe en el cristiano, señala el comienzo de la sexta y última estación en una tradición. La Santísima Trinidad, se celebra el domingo después de Pentecostés, y en otra tradición señala el comienzo de la sexta estación. Así, pues, los domingos de la última estación se cuentan como "después de Pentecostés" o como "después de Trinidad", según el sistema que se siga, y constituyen la mitad no festiva del año eclesiástico. El Domingo de la Reforma es el más cercano al 31 de octubre. El día de Todos los Santos, es siempre el penúltimo domingo de la sexta estación. El domingo de Cristo Rey es el último domingo de la sexta estación y del año eclesiástico. La estación puede durar de 22 a 28 domingos.

Las fechas básicas del año eclesiástico son la Navidad y la Pascua; el cronograma del año eclesiástico depende, entonces, en gran parte, de la fecha de la Pascua y del día de la semana que corresponde al 25 de diciembre. Por eso cada año se comienza por definir la fecha de la pascua que, como se dijo, puede ser entre el 22 de marzo y el 25 de abril, el primer domingo después de la luna llena siguiente al equinoccio de invierno en el hemisferio norte. Si la fecha es más cercana al 22 de marzo, se llama Pascua temprana; y si es más cercana al 25 de abril, se llama Pascua tardía.

Como el domingo de Pascua señala también el final de la estación de Cuaresma, cuando se ha determinado la fecha de la Pascua, basta contar 46 días hacia atrás, hasta llegar al miércoles de ceniza, que señala el comienzo de la cuaresma. La epifanía se define entonces como el espacio que queda después de Adviento y Navidad, que tienen fecha de inicio y finalización fijadas por el 25 de diciembre del año anterior.

La Pascua se extiende durante seis semanas; el séptimo domingo es Pentecostés; el siguiente domingo es Santísima Trinidad. La última estación, de Pentecostés, o de Trinidad, se extiende hasta el cuarto domingo antes del 25 de diciembre.

Dos estaciones son de duración variable y mutuamente complementarias: Epifanía y Pentecostés o Trinidad, porque se basan en la fecha de la Pascua. Si la Pascua es temprana, la estación de Epifanía se reduce hasta cuatro domingos después de Epifanía, más Transfiguración. La Epifanía debe terminar temprano para darle cabida a la Cuaresma antes de la Pascua temprana.

Si la Pascua es tardía, entonces la estación de Epifanía se extiende hasta ocho domingos después de Epifanía, más Transfiguración. La Epifanía continúa hasta el miércoles de Ceniza, seis semanas y media antes de la Pascua tardía. La extensión de Pentecostés ese año equilibra el efecto de la menor extensión de Epifanía. Si la estación de Epifanía se contrae, la de Pentecostés se extiende hasta 24 días después de Pentecostés.

Por la variación de la fecha de la Pascua, algunas de las festividades del año eclesiástico se celebran en fechas diferentes en años diferentes; lo mismo ocurre con las que se relacionan con el 25 de diciembre. Esas fiestas se llaman movibles, y son: Bautismo del Señor, Miércoles de Ceniza, Domingo de Ramos, Jueves Santo, Viernes Santo, Domingo de Pascua, Ascensión, Pentecostés, La Santísima Trinidad, Cristo Rey, y Primer Domingo de Adviento.

Después de establecer la fecha de la Pascua de resurrección, es fácil determinar las fechas de las demás fiestas movibles del año. Algunas de las cuales son:

FIESTAS MOVIBLES

Primer domingo de Adviento	4 domingos antes del 25 de diciembre
Miércoles de Ceniza	46 días antes de la Pascua
Domingo de Ramos	7 días antes de la Pascua
Ascensión	42 días después de la Pascua
Pentecostés	49 días después de la Pascua

DESARROLLO HISTÓRICO

El concepto del año eclesiástico es anterior al nacimiento de la iglesia en el Nuevo Testamento. En el Antiguo Testamento, Dios le dio a su pueblo un calendario muy específico de las fiestas religiosas que debía observar. El año eclesiástico cristiano, como la liturgia, se desarrolló lentamente a través de los siglos; comenzó en la iglesia antigua.

Originalmente la iglesia sólo conmemoraba la Pascua; el calendario creció constantemente sobre ese fundamento. El Domingo, día del Señor, parece que era el día en que se congregaban los creyentes desde el día de la resurrección de Jesús; desde el principio ha sido el día en que los cristianos se congregan alrededor de la Palabra y el Sacramento del Altar.

La celebración de la Pascua de Resurrección, junto con la estación de Adviento, probablemente comenzó hacia el año 150. Parece ser que la Epifanía se comenzó a celebrar hacia el final del siglo 3. Después de la afirmación de la deidad eterna de Cristo en el Concilio de Nicea, en el año 325, adquirió importancia la celebración de su nacimiento; la Navidad comenzó a celebrarse en Roma el 25 de diciembre hacia el año 354. Los cristianos germánicos fueron los primeros en observar el domingo de la Santísima Trinidad, como expresión de su conversión de la doctrina arriana al cristianismo, y este domingo apareció en el almanaque romano durante el siglo 14.

SQUEMA DEL AÑO ECLESIÁSTICO

	ESTACIÓN	TEMA	DOMINGOS, DURACIÓN, FIESTAS
MITAD FESTIVA La vida del Salvador en el mundo Cumplimiento de las profecías Obra del Espíritu Santo	ADVIENTO	Preparación para la Navidad Primera venida Segunda venida	**Primer domingo** (último de noviembre o primero de diciembre) **Segundo domingo** **Tercer domingo** **Cuarto domingo**
	NAVIDAD	Nacimiento de Jesús Su segunda venida	**Navidad**: 25 de diciembre Uno o dos domingos 12 días **Nombre de Jesús**:1 de enero, 8 días después de Navidad
	EPIFANÍA	Visita de los sabios Manifestación de la divinidad de Jesús en su bautismo y en su primer milagro	**Los reyes magos**: 6 de enero **Bautismo del Señor**: domingo después de Epifanía Hasta 8 domingos **Transfiguración**: último domingo
	CUARESMA	Vida, ministerio, sufrimiento y muerte del Salvador	**Miércoles de Ceniza** **Domingo de Ramos** **Jueves Santo** **Viernes Santo** 46 días
	PASCUA	La Resurrección de Jesús Su vida perfecta Su expiación de todos los pecados	**Domingo de Pascua**: entre el 22 de marzo y el 25 de abril **Ascensión** **Pentecostés**
MITAD NO FESTIVA Vida de la iglesia Vida del cristiano Obra del Espíritu Santo	PENTECOSTÉS TRINIDAD	La obra del Espíritu Santo La vida en Cristo	**La Santa Trinidad**: el domingo después de Pentecostés De 22 a 28 domingos **Domingo de la Reforma**: el más cercano al 31 de octubre **Día de Todos los Santos** o de los Santos Triunfantes: penúltimo domingo **Cristo el Rey**: último domingo

OTROS CONCEPTOS ASOCIADOS AL AÑO ECLESIÁSTICO

Tradicionalmente la iglesia cristiana usaba los meses lunares para establecer las fechas de las fiestas movibles que dependen de la Pascua de Resurrección. Pero el mes lunar tenía dos formas: mes astronómico y mes común o civil; el primero con una duración de 29 días, 12 horas, 44 minutos, 3 segundos y once terceros, que es medición exacta. El mes común con una duración de 29 días (mes pleno) o de 30 días (mes cavo) alternando. Esas dos formas de la medición del año por meses lunares produce una diferencia de un día cada 32 meses. Además, el año astronómico lunar consta de 354 días, 8 horas, 48 minutos y 32 segundos, lo que produce una diferencia de 11 días con el año solar que es de 365 ó 366 días; el valor de esa diferencia, 11 días, se llama la *epacta*.

Las circunstancias descritas hicieron que la determinación de la fecha de la Pascua, principalmente en años lejanos, fuera una tarea ardua, compleja, que exigía cálculos matemáticos especiales. Esa dificultad dio origen a la creación de tres conceptos que han quedado en el lenguaje litúrgico y que pueden ser de interés para el estudioso. Aquí se da una breve noticia, despojando los conceptos de las complejidades que puedan hacerlo incomprensible.

La letra dominical

Como el número de días del año solar no es múltiplo de 7, el primero de enero puede caer en cualquiera de los siete días de la semana. Las letras dominicales son siete: A, B, C, D, E, F, G, y sirven para indicar qué días del año caen en domingo. El primero de enero puede caer en siete días diferentes; la letra A se aplica al día de la semana correspondiente al primero de enero, y en consecuencia serán A todos los demás días del año contados de 7 en siete. Como el año consta de 365 días, que son 52 semanas y 1 día, si el día primero de enero es domingo, también lo será el 31 de diciembre, y el año siguiente empezará en lunes, el siguiente en martes, y así sucesivamente, hasta cuando aparezca un año bisiesto, que adelantará dos días, de forma que si una letra señala el domingo en un año determinado, en el año siguiente señalará el lunes y la letra dominical será G, y así sucesivamente. En el año bisiesto hay dos letras dominicales, la primera sirve de enero a febrero, y la segunda de marzo a diciembre. Siendo 7 las letras dominicales y habiendo en cada cuatro años un bisiesto, el ciclo de las letras dominicales es de 28 años.

La epacta

Es el número de días en que el año solar excede al año lunar; tradicionalmente se define como la edad de la luna el primero de enero, de cuyo cálculo depende el de la Pascua.

El número áureo

Siendo la epacta la edad de la luna el primero de enero, la suma de epactas produce después de algunos años un mes lunar completo y en consecuencia habrá años de 13 meses lunares, que se llaman intercalares o embolismales. Se presentó el problema de hallar el ciclo, la periodicidad en que coincidían entre la luna y el sol las conjunciones, oposiciones y cuartos en un mismo día y hora. Un sabio griego halló que el ciclo es de 19 años, lo cual produjo una gran satisfacción entre los romanos, que lo esculpieron con letras de oro, de donde deriva el nombre de *número áureo*.

Conocidos el número áureo, la epacta y la letra dominical correspondientes a un año dado, se establece la fecha del novilunio, y por tanto la fecha de la Pascua, que determina todas las demás fiestas movibles, por su distancia de la Pascua, según la siguiente tabla:

De Pascua a Septuagésima: 64 días (antes)
De Pascua a Miércoles de Ceniza: 47 días (antes)
De Pascua a Ascensión: 40 días (después)
De Pascua a Pentecostés: 50 días (después)
De Pascua a Trinidad: 57 días (después)

II. LOS LECCIONARIOS

El predicador es libre de toda ley que le exija usar un texto o seguir una secuencia de textos. Pero en su libertad debe cumplir la responsabilidad de enseñar y edificar a la congregación, y eso implica el uso de textos. Es aquí donde resultan útiles los leccionarios.

DEFINICIÓN

Asociado al año eclesiástico hay un sistema de lecturas seleccionadas para cada domingo y cada una de las festividades mayores, con pasajes referentes al tema de la estación; esas colecciones de lecturas se llaman leccionarios. Todo sistema de lecturas diarias o dominicales, tomadas de las Escrituras se llama "leccionario".

Las lecturas del leccionario dominical no incluyen la totalidad de la Biblia; son una selección de textos que corresponden a los diversos temas de las estaciones del año eclesiástico.

HISTORIA

Los judíos desarrollaron un sistema de lecturas que estaba en uso en los días del ministerio del Salvador en el mundo. De ello hay evidencia bíblica, por ejemplo en Lucas 4:16-20. Actualmente, en la Biblia hebrea se siguen indicando el comienzo y el fin de esas lecturas.

La práctica de asignar lecturas de los evangelios y de las epístolas para los domingos, fiestas, y días de los santos comenzó en la época de Jerónimo (hacia el 400). Los *Comes Hieronimi* (un leccionario) probablemente fueron la base del *ordo* romano, selecciones usadas por Gregorio el Grande (540-604). La serie, con modificaciones, fue de uso general en la iglesia occidental en la época de Carlomagno. Éste pidió a Pablo el Diácono preparar un libro de homilías, entre 785 y 790, basado en la serie romana.

Con modificaciones, esos evangelios y epístolas se usaron en la Edad Media. Fueron aceptados por Lutero con ajustes. Lutero conocía las imperfecciones del sistema, pero usó esas lecturas como textos para un libro de sermones ejemplares para los predicadores.

Una desventaja de esa serie antigua es que incluye pocas lecturas del Antiguo Testamento, y cuando las incluye, reemplazan las lecturas de las epístolas. No hay una serie sistemática de lecturas del Antiguo Testamento y se pierde la continuidad en las selecciones de las epístolas al reemplazarlas por las del Antiguo Testamento.

Después de la Reforma se desarrollaron series de selecciones de los evangelios y de las epístolas relacionadas con el leccionario antiguo. Las más modernas incluyen selecciones del Antiguo Testamento. Estas series, aunque tienen referencia al año eclesiástico, no siempre concuerdan en cada punto con los énfasis hechos en varios domingos del leccionario tradicional.

LECCIONARIOS ACTUALES

Los leccionarios actuales son variaciones del sistema histórico, pero con diferencias importantes. El sistema histórico tenía una lectura de los evangelios y una lectura de las epístolas para cada día del año, pero no tenía una secuencia óptima para la predicación dominical porque algunas de las lecturas más importantes tenían que aparecer en otros días de la semana.

Otra diferencia está en que en el sistema histórico no había una serie estructurada de lecturas del Antiguo Testamento; éstas fueron agregadas mucho más tarde en el siglo 20.

Más recientemente se diseñó un sistema que consiste en tres ciclos anuales de lecturas que incluyen para cada domingo una lectura del Antiguo Testamento, una lectura de los evangelios y una lectura de las epístolas.

La mayor parte de las iglesias cristianas litúrgicas actuales utilizan alguna versión del sistema de tres leccionarios, denominados A, B y C, que se alternan en ciclos de tres años y coinciden en las generalidades en la elección de los textos.

Los leccionarios que se describen a continuación y que se

citarán en cada una de las estaciones son los contenidos en *Predicando a Cristo* de Editorial Concordia. Contienen, para cada domingo, una lectura del Antiguo Testamento (excepto de Pascua en algunos casos, cuando se reemplazan por lecturas del libro de los Hechos), una lectura de los evangelios, una lectura de las epístolas y un salmo.

La serie A toma la mayoría de sus lecciones de San Mateo; la serie B las toma de San Marcos y la serie C de San Lucas. El Evangelio de San Juan proporciona textos importantes para las tres series. Así, la congregación llegará a conocer bien un Evangelio a través de un año. Para ciertas fiestas, como la Navidad, para la cual Lucas provee la historia más apropiada, se utiliza el mismo texto en más de una serie.

UTILIDAD

Los leccionarios le proporcionan al predicador y a los fieles un repertorio de lecturas que incluyen gran parte de los evangelios y de otros libros del Antiguo y del Nuevo Testamentos de manera sistemática e intencionada y constituyen por eso una herramienta muy útil en la predicación, la enseñanza y el estudio de la palabra de Dios.

El uso del mismo leccionario en todas las congregaciones de una iglesia cristiana, convenientemente divulgado, permite que todos los miembros conozcan con anticipación los textos que se utilizarán en cada servicio dominical y puedan seguir la secuencia, aunque asistan en alguna ocasión a una congregación distinta de la propia. Eso fomenta también el sentimiento de unidad y compañerismo.

Los leccionarios:

- ✦ Dan una porción manejable de la Escritura, con un pensamiento completo.
- ✦ Eximen al predicador de buscar textos cada semana.
- ✦ Evitan la tendencia que pueda tener el predicador a tratar sólo temas de su predilección.
- ✦ Evitan seleccionar sólo los textos fáciles o de un solo

tema.

- ✦ Proporcionan textos ricos en contenido doctrinal y práctico.

- ✦ Le ayudan al predicador y a la congregación a crecer en el conocimiento de las Escrituras.

- ✦ Le dan a la iglesia una estructura uniforme y común de la proclamación bíblica.

Son una guía para ministros, predicadores, catequistas, miembros de la iglesia, músicos y maestros de escuela dominical, porque les muestran los textos que han de ser utilizados en un determinado domingo.

Son guía y recurso para los líderes de diferentes congregaciones que desean trabajar y orar juntos.

Son un recurso para los que producen ayudas para predicaciones, comentarios, planes de estudios para escuelas dominicales y otros materiales devocionales.

Ayudan al propósito de leer, estudiar y orar con la Biblia en consonancia con la oración y la predicación de la iglesia.

Los leccionarios son útiles, se usan con libertad porque ofrecen un repertorio variado y rico de las Escrituras. Pero nadie está atado a ellos, hay libertad de dejarlos de lado cuando una ocasión especial o las necesidades de la congregación piden algo más específico.

Desventajas del uso de leccionarios:

- ✦ No ayudan a los fieles a estudiar y entender libros enteros de la Biblia, sólo presentan porciones.

- ✦ Pueden hacer tedioso para el predicador y para la congregación el uso de textos tomados sólo del Antiguo Testamento, de los evangelios o las epístolas.

III. LOS COLORES Y OTROS SÍMBOLOS

En la vida cristiana práctica hay aspectos que no están regulados por mandatos o prohibiciones bíblicas, aspectos que Dios ha dejado a la elección de los creyentes. Para designar todas esas cosas, en el vocabulario de la iglesia se ha adoptado el término *adiáfora*, que procede del griego y era utilizado por los estoicos con un significado similar.

El término *adiáfora* se puede definir como "cosas indiferentes", o cosas que no son mandadas ni prohibidas en la Escritura. En general, se admite que la adopción de un calendario eclesiástico, leccionarios, música, instrumentos musicales, muebles, flores, colores, cruces, vestiduras de los ministros, vestidos del altar, estandartes, entre otros, pertenecen a la categoría de *adiáfora*.

Debe recordarse aquí la norma bíblica mencionada anteriormente, aplicada a las cosas doctrinalmente indiferentes: si algo, que en sí mismo es *adiáfora*, puede ofender a otros creyentes, o estorba la evangelización, debe evitarse.

EL USO DE COLORES

Es evidente que todos los elementos materiales que se utilizan en las celebraciones de la iglesia necesariamente tienen algún color; la iglesia en su historia ha aprovechado este hecho y ha usado el color para enriquecer la liturgia. Una costumbre tradicional de la iglesia cristiana, que se conserva en muchas comunidades, es el uso de ciertos colores para las diferentes estaciones del año eclesiástico. Se usan los colores en el altar; los pastores los llevan en sus vestiduras, y algunas iglesias tienen estandartes para mostrarlos.

SIMBOLISMO

El simbolismo que se atribuye a los colores en la liturgia tiene su origen en la tradición, pero es en gran medida arbitrario y abierto a nuevas interpretaciones con el paso del tiempo.

UTILIDAD

Gran parte de la iglesia ha usado por siglos un código de colores en los cultos para completar el mensaje de las estaciones y festividades durante el año eclesiástico.

Algunas congregaciones, en su libertad, utilizan cualquier combinación de colores, o ningún color en particular, según les parezca mejor.

Lo importante es por qué se conserva esa norma litúrgica tradicional. El valor del uso de los colores descansa en su propósito: servir a la adoración a Dios, ayudar a comunicar la fe. El color, como elemento visual sencillo pero eficaz, uniéndose a otros más importantes como las lecturas, las oraciones y los cantos, ayuda a celebrar la fe.

Utilidad pedagógica de los colores

- ✦ Ayudan a comunicar el mensaje de la salvación.
- ✦ Expresan emociones e ideas que se asocian con cada una de las estaciones del año litúrgico.
- ✦ Expresan el tema general de la estación y/o de la festividad del día.
- ✦ Son una ayuda visual para marcar la sucesión de las estaciones.

Utilidad motivadora

- ✦ Expresan los sentimientos propios y significativos de lo que a través del año litúrgico la iglesia invita a vivir.
- ✦ Son señales ópticas para orientar la sensibilidad.
- ✦ Fomentan el sentido de unidad entre las congregaciones.

Utilidad estética

- ✦ Sirven para adornar el espacio litúrgico.
- ✦ Dan variedad en la decoración del templo.

Utilidad mnemotécnica

- ✦ Ayudan a recordar las diferentes estaciones y los diversos temas que hay en cada una.
- ✦ Ayudan a recordar el espíritu de la estación o de la fiesta que se celebra.

HISTORIA

Hay en las Sagradas Escrituras diversos usos de los colores, que les confieren simbolismo, y quizás hayan sido fundamento para el uso de algunos colores en la liturgia. Por ejemplo: en Éxodo 28, están prescritos los colores de las vestiduras y los accesorios de los sacerdotes. En Isaías 1:18 se les dan connotaciones muy evidentes al blanco y al rojo. Los ángeles se describen varias veces con vestiduras blancas, por ejemplo en Marcos 16:5, Juan 20:12. A los santos se les dan vestiduras blancas: Apocalipsis 3:4, 5, 18; 6:11; 7:9, 13. También el Señor Jesucristo resucitado y glorificado tiene vestiduras blancas resplandecientes en varios pasajes bíblicos, y en la transfiguración. En el tabernáculo y en el templo de Jerusalén se utilizaron diversos colores, claramente prescritos: Éxodo 26:1-4, 31, 36. El púrpura y el rojo se relacionan con la realeza y la riqueza: Mateo 15:16-20 y textos paralelos en Lucas y Juan; Lucas 16:19.

Durante los primeros siglos no parece que hubiera una norma general respecto de los colores; la costumbre era elegir para los días festivos colores vivos, y para tiempos penitenciales colores oscuros. Esos colores se refieren a los vestidos de los ministros y a los paños que pueden adornar el altar u otros muebles o espacios del templo.

El uso del color fue más diverso en el pasado que en la actualidad, principalmente porque los colorantes eran muy caros y no era fácil conseguir tela del color que se deseara. Durante la Edad

Media se desarrolló un sistema generalizado de colores, que es antecedente directo del sistema actual.

Al comienzo de la historia de la iglesia se usaron telas no teñidas, con el color natural del tejido. También se usó el color blanco quizás por la influencia de la historia del sacerdote Aarón que debía vestir de blanco; a los que eran bautizados se les daban vestiduras blancas. De hecho, la iglesia de los primeros siglos prescribió vestiduras blancas para los dignatarios, por lo menos hasta el siglo 4 cuando se admitieron otros colores, sin abandonar el blanco.

En el siglo 4 se generalizó en la cristiandad el uso de colores distintivos de las estaciones del año eclesiástico, pero hay pocas referencias al tema del color en los documentos que se conservan de la época. A finales del siglo, Juan Crisóstomo, entre otros, recomendó el uso de hábitos blancos.

En el siglo 9 ya se había establecido una serie de normas estrictas sobre las vestiduras eclesiásticas que incluían el uso de los colores. También se extendió la normatividad sobre los colores a los demás elementos propios de la actividad litúrgica. Se relacionó más sistemáticamente el simbolismo de los colores con el espíritu del día, de la estación o del acto sagrado que se celebraba.

Los primeros textos sobre el uso litúrgico de los colores datan de las postrimerías del siglo 10. No son escritos oficiales de la iglesia, ni tienen carácter general; son documentos en su mayoría anónimos, que abordan sin rigor el tema.

En el siglo 11 hubo más interés de los escritores académicos por los colores en la liturgia. Teólogos muy notables establecieron tres colores principales: blanco (símbolo de la pureza), negro (que simboliza la penitencia y la aflicción) y rojo (que simboliza la sangre derramada por Cristo), pero no coincidieron en los otros colores ni en la asignación de los colores a las estaciones y las fiestas del año eclesiástico.

A finales del siglo 12, el Papa Inocencio III prescribió cinco colores litúrgicos: violeta, blanco, negro, rojo y verde.

En el siglo 15, el Papa Pío V, confirmó el uso establecido por Inocencio III; asignó el rojo y el blanco a las fiestas gozosas; el índigo, el violeta y el negro a los días de luto y penitencia; el rosa al tercer domingo de Adviento y al cuarto domingo de Cuaresma.

Los reformadores del siglo 16 heredaron el uso de los colores como *adiáfora*. La iglesia luterana conservó el uso de los colores tradicionales; también los conservó la iglesia anglicana, de más reciente aparición. En las iglesias reformadas desapareció casi toda forma de liturgia, incluidos los colores.

En el siglo 20 muchas iglesias han vuelto al uso de los colores litúrgicos tradicionales y se han agregado el azul y el dorado.

COLORES DE USO ACTUAL

Actualmente hay por lo menos diez colores de uso litúrgico. A continuación se mencionan en orden alfabético, con su simbolismo más generalizado y las ocasiones en que se usan.

Azul

Es el color de más reciente adopción en la liturgia; su uso crece constantemente.

El simbolismo que se le atribuye es el de esperanza.

Se utiliza principalmente para sustituir el tradicional púrpura penitencial en la estación de Adviento, por el espíritu de expectativa y esperanza que la caracteriza, en la celebración de la primera y la segunda venida del Salvador.

Blanco

Una promesa bíblica asegura que los pecados, de color encendido, serán hechos blancos por la obra redentora del Señor Jesucristo (Isaías 1:18).

El blanco es símbolo de la pureza y la integridad. Se utiliza en las estaciones de Pascua y Navidad. Es el color señalado para los domingos festivos como Navidad, Epifanía, Bautismo del Señor, la Transfiguración, la Santa Trinidad y Cristo Rey.

Es también el color del día de Todos los Santos el 1 de noviembre y de las fiestas menores, excepto las de los mártires. También se puede usar en la celebración de la institución de la Cena del Señor, el Jueves Santo. Es también el color para la celebración del Bautismo y el matrimonio. Se utiliza en funerales, porque es el color de la resurrección. Sustituye el verde.

Escarlata (rojo vivo o naranja)

Antiguamente se asociaba con el color de la sangre, y por eso con la pasión de Cristo.

Es el color más utilizado el Domingo de Pasión, primer domingo de la Semana Santa, en lugar del rojo brillante, que está indicado para otras fechas. Se usa durante los días de la Semana Santa para expresar el espíritu de la ocasión.

Morado

Es un color discreto, serio, sobrio. Por eso, su simbolismo apunta a la penitencia, la tristeza y el dolor, y a veces a la realeza y a la nobleza. Se usa durante el Adviento y la Cuaresma. Se utiliza en las celebraciones de Adviento y de Cuaresma, en las celebraciones penitenciales y también para las exequias, sustituyendo al negro tradicional.

Negro

En tiempos ya lejanos era el color más común para las vestiduras de los ministros. Hoy es el color que menos se ve en el año eclesiástico.

El simbolismo más común del negro es formalidad, seriedad, solemnidad. Por siglos fue el color de los funerales y por eso tiene connotaciones de lamento, muerte y oscuridad.

Actualmente se usa principalmente el Miércoles de Ceniza y el Viernes Santo.

Oro (dorado)

Es el color del esplendor real, se usa principalmente en las grandes festividades del año eclesiástico. Es color opcional del domingo de Pascua, del domingo de Cristo Rey y para la resurrección de Jesucristo. Puede sustituir a todos los demás colores, excepto el morado.

Púrpura o violeta

En la antigüedad, el colorante púrpura, que se obtenía de un marisco del Mediterráneo mediante un proceso muy laborioso, era muy costoso; sólo podían costearlo la realeza y los ricos; por eso el púrpura llegó a significar riqueza, poder y realeza. En el tiempo de Jesús era un color muy estimado y costoso.

Es el antiguo color real y por eso símbolo de la soberanía de Cristo. Jesús, el Rey de Reyes llevó puesta una vestidura púrpura una sola vez, cuando los soldados se mofaron de él y lo atormentaron; las Escrituras narran que le pusieron una vestidura púrpura para ridiculizarlo y desvirtuar la afirmación de que él era un rey.

Se utiliza en las estaciones de Adviento y Cuaresma, que celebran la venida del Rey.

Como la iglesia se prepara para la venida del Rey por medio de la reflexión y el arrepentimiento, el púrpura también llegó a ser color penitencial. En muchas congregaciones lo usan durante la Cuaresma.

Rojo

El rojo evoca el color de la sangre y del fuego, eso le confiere un simbolismo muy preciso respecto de la sangre de Cristo derramada para salvación; respecto del Espíritu Santo, que vino en forma de lenguas de fuego (Hechos 2:3), y del sacrificio de los mártires.

Por su simbolismo, se utiliza el Domingo de Ramos y el Viernes Santo por su relación con la sangre de Cristo; el domingo de Pentecostés por el fuego del Espíritu.

Además se usa el día de la Reforma, en las fiestas de los mártires, en las fiestas de los apóstoles y evangelistas. Es apropiado también para celebrar confirmaciones, ordenaciones de ministros, y aniversarios de la congregación.

Rosa

A veces se usa el tercer domingo de Adviento, para denotar gozo. El color rosa distingue los domingos *Gaudete*, a mitad del Adviento, y *Laetare*, a mitad de Cuaresma.

Verde

El verde es el color más común durante el año. Es el color de la vegetación y por eso simboliza el crecimiento, la vida, la espe-

ranza, la pureza de la naturaleza, la serenidad. Es el colo
estación de Epifanía, y de la estación después de Pentecostés,
eso se puede usar de seis a ocho meses en el año litúrgico.

Los pastores y maestros harán bien si se instruyen e instruyen a los fieles sobre el uso de los colores litúrgicos, para que éstos cumplan su función.

LOS COLORES DEL AÑO ECLESIÁSTICO Y LAS ESTACIONES

COLORES	ESTACIÓN	ALTERNO
Azul oscuro	Adviento	Púrpura, Azul
Rosa	Tercera semana de Adviento	Rosa
Azul oscuro	Víspera de Navidad	Púrpura, Azul
Blanco, Oro	Navidad	Blanco, Amarillo
Blanco, Oro	Epifanía	Blanco, Amarillo
Verde	Después de Epifanía	Verde
Blanco, Oro	Transfiguración	Blanco, Amarillo
Púrpura	Cuaresma	Violeta
Púrpura	Jueves Santo	Rojo
Púrpura, Negro	Viernes Santo	Negro
Negro	Sábado Santo	Ningún color
Blanco, Oro	Pascua	Blanco, Amarillo
Blanco, Oro	Día de Ascensión	Blanco, Amarillo
Rojo	Domingo de Pentecostés	Rojo, Oro
Blanco, Oro	Domingo de Trinidad	Rojo
Verde	Tiempo ordinario	Verde, Bronce
Rojo	Día de todos los Santos	Blanco, Oro
Blanco, Oro	Cristo el Rey	Blanco, Amarillo

MITAD FESTIVA

IV. LA ESTACIÓN DE ADVIENTO

DEFINICIÓN

La palabra adviento proviene del latín *adventus* que significa venida, advenimiento; *adventus* es la traducción al latín de la palabra griega *parusía* (παρουσία), que se usaba para designar la venida o la llegada de un personaje.

Adviento, entonces, significa venida o llegada y es la estación del año eclesiástico que precede a las de Navidad y Epifanía. En Adviento la iglesia se prepara para celebrar la venida del Señor Jesucristo, en tres sentidos:

- ✦ Su primera venida, que es el tema central de la Navidad.
- ✦ Su venida al final de los tiempos.
- ✦ Su venida al corazón de cada creyente.

DURACIÓN Y DÍAS ESPECIALES

La estación de Adviento comprende las cuatro semanas que preceden a la Navidad. Comienza el cuarto domingo antes del 25 de diciembre y termina el 24 de diciembre, la víspera de Navidad. Si el 24 de diciembre es domingo, se cuenta como cuarto domingo de Adviento, y la víspera de navidad comienza al caer el sol. Los domingos de la estación se denominan Primero, Segundo, Tercero, y Cuarto (Domingo de Adviento).

Como el 25 de diciembre ocurre cada año en diferente día de la semana, el Primer Domingo de Adviento puede caer entre el 27 de noviembre y el 3 de diciembre, y en consecuencia la duración de la estación varía de 21 a 28 días, pero teniendo siempre cuatro domingos.

El Primer Domingo de Adviento es el domingo más cercano

al 30 de noviembre, día de San Andrés; marca el comienzo del año eclesiástico en la mayoría de las iglesias de la tradición occidental.

SIGNIFICADO Y ESPÍRITU DEL ADVIENTO

El Adviento es una estación de esperanza y alegría. Durante esas cuatro semanas la iglesia considera la venida del Salvador, que llegó a este mundo para salvar a los pecadores, que sigue llegando al corazón de los creyentes por medio de la Palabra y los sacramentos; y que vendrá otra vez en gloria a juzgar a los vivos y a los muertos. Es tiempo de preparación y arrepentimiento para la llegada del Señor; la iglesia se prepara para la Navidad y la segunda venida de Cristo al mundo, cuando volverá como rey del universo.

Es también tiempo de reflexión sobre el gran amor de Dios y sus promesas cumplidas en la venida del señor Jesucristo.

El Primer Domingo de Adviento, la iglesia medita en la venida del Señor el último día; el Segundo Domingo, en el llamado de Juan el Bautista a preparar los caminos del Señor; el Tercer Domingo se regocija en la cercanía de su venida; el Cuarto Domingo se centra en el advenimiento del Hijo de Dios al mundo.

HISTORIA

No es posible determinar con precisión cuándo se estableció la festividad de Adviento, pero con la información existente se puede hacer el siguiente bosquejo histórico de la festividad del Adviento y de la estación de Adviento.

La iglesia de los tres primeros siglos no celebraba la fiesta de Navidad; en esos siglos los cristianos usaban la expresión *adventus* para referirse a la segunda venida del Señor Jesucristo o *parusía*, el último día o el día del juicio final, cuando vendrá en gloria a juzgar a los vivos y a los muertos, y todo ojo lo verá. El *adventus* pasó a ser un tiempo de preparación para la *parusía*; la iglesia se ocupaba de los pasajes evangélicos que hablan del fin del mundo, del juicio final, del llamado de Juan el Bautista al arrepentimiento.

De la Navidad no hay evidencia anterior al siglo 4; en ese tiempo se celebraba en Occidente el 25 de diciembre y en Oriente el 6 de enero. Las fiestas de Epifanía, en Oriente y Navidad, en Occidente, llegaron a ser muy importantes hacia finales del siglo 4; a partir de entonces las dos fiestas se diferencian: la Navidad celebra la encarnación del Salvador y la Epifanía su revelación a los gentiles.

Con el tiempo, resultó necesario un período de preparación para la celebración de esas fiestas en el año eclesiástico. Al aparecer las fiestas de Navidad y Epifanía, *adventus* sirvió para denominar la preparación para la venida del Señor en su encarnación. Al comienzo no se designaba la estación como Adviento. La primera referencia explícita a la temporada de Adviento que se conoce, la hizo el obispo perpetuo de Tours, hacia el año 560, cuando estableció un ayuno antes de Navidad, que comenzaba el 11 de noviembre, día de San Martín.

Entre los siglos 4 y 6, la duración de la estación varió de tres a siete semanas en diferentes partes de la cristiandad. En el siglo 6 se estableció su duración en cuatro domingos, y así ha llegado hasta el presente.

Era una estación solemne que se observaba con mucho rigor, hasta el punto que se prohibía la celebración del matrimonio durante el Adviento.

En la iglesia de Roma la observancia de una estación de preparación para la Navidad comenzó hacia el año 600. En la iglesia griega no se encuentran documentos sobre la observancia del Adviento hasta el siglo 8.

LOS COLORES DE ADVIENTO

Los colores actualmente asociados con la estación de Adviento son el púrpura y el azul.

El púrpura, que simboliza la realeza y por tanto la soberanía de Cristo, ha sido históricamente el color litúrgico de Adviento. Es también el color del sufrimiento, por eso se usa en Cuaresma y en Semana Santa.

El azul, se usa también a veces como símbolo de realeza. Algunas iglesias usan el azul para distinguir la estación de Adviento de la estación de Cuaresma.

LECTURAS

Textos para el Primer Domingo de Adviento

Lecturas del Antiguo Testamento:

A. Isaías 2:1-5

B. Isaías 63: 16b, 17; 64:1-8

C. Jeremías 33:14-16

Lecturas de las epístolas:

A. Romanos 13:11-14

B. 1 Corintios 1:3-9

C. 1 Tesalonicenses 3:9-13

Lecturas de los evangelios:

A. Mateo 24:37-44

B. Marcos 13:33-37

C. Lucas 21:25-36

Textos para el Segundo Domingo de Adviento

Lecturas del Antiguo Testamento:

A. Isaías 11:1-10

B. Isaías 40:1-11

C. Malaquías 3:1-4

Lecturas de las epístolas:

A. Romanos 1:4-13

B. 2 Pedro 3:8-14

C. Filipenses 1:3-11

Lecturas de los evangelios:

A. Mateo 3:1-12

B. Marcos 1:1-8

C. Lucas 3:1-6

Textos para el Tercer Domingo de Adviento

Lecturas del Antiguo Testamento:

A. Isaías 35:1-10

B. Isaías 61:1-3, 10, 11

C. Sofonías 3:14-18a

Lecturas de las epístolas:

A. Santiago 5:7-10
B. 1 Tesalonicenses 5:16-24
C. Filipenses 4:4-7

Lecturas de los evangelios:

A. Mateo 11:2-11
B. Juan 1:6-8, 19-28
C. Lucas 3:7-18

Textos para el Cuarto Domingo de Adviento

Lecturas del Antiguo Testamento:

A. Isaías 7:10-14 (15-17)
B. 2 Samuel 7:8-11, 16
C. Miqueas 5:2-4

Lecturas de las epístolas:

A. Romanos 1:1-7
B. Romanos 16:25-27
C. Hebreos 10:5-10

Lecturas de los evangelios:

A Mateo 1:18-25
B. Lucas 1:26-38
C. Lucas 1:39-45 (46-55)

CELEBRACIÓN DE ADVIENTO

El Adviento es una estación que se observa en el hogar y en la iglesia, es una época propicia para que toda la familia participe en actividades hogareñas directamente relacionadas con los servicios en la iglesia.

La corona de Adviento

Es una costumbre que, según parece, se originó entre los luteranos de Alemania, como costumbre hogareña; después pasó a la iglesia, se extendió rápidamente y finalmente se convirtió en una señal muy popular del comienzo del año eclesiástico en muchas iglesias y en los hogares. Consiste en una corona verde con cinco velas, cuatro alrededor y una en el centro. Como la corona es simbólica y un medio para decir la historia de la Navidad, hay varias maneras de entender su simbolismo. El significado exacto que se pueda dar a los diversos aspectos de la corona no es tan importante como la historia que representa.

El círculo de la corona recuerda a Dios, su eternidad y misericordia infinita, que no tiene comienzo ni fin. El verde habla de la esperanza que la iglesia tiene en Dios, las velas simbolizan la luz de Dios que viene al mundo por el nacimiento de su Hijo; Jesús es la luz del mundo. La luz también recuerda que los creyentes son llamados a ser luz para el mundo.

Las cuatro velas externas representan el período de espera en los cuatro domingos de Adviento. No hay uniformidad en el color de las velas. En la Iglesia Luterana es común usar el violeta durante el Adviento y enfatizar así el carácter penitencial de la estación. En algunas iglesias se usa el azul para recordar que el Adviento es tiempo de esperanza al esperar la luz de la Navidad, y las velas serán azules. Algunas iglesias utilizan una vela rosa para el cuarto domingo, la gozosa anticipación del umbral de la Navidad. Las velas blancas, que reflejan quizás la tradición más amplia, destacan el gozo más que el carácter penitencial de la estación. El color de las velas, finalmente ha de ser materia de decisión individual.

El Primer Domingo de Adviento se enciende una de las velas externas; cada domingo se enciende una nueva vela, hasta que el cuarto domingo se encienden las cuatro. El distinto tamaño de las velas señala el paso del tiempo. Finalmente, la luz que ha venido al mundo es plenamente visible cuando la vela del centro, la vela de Cristo, se enciende en Navidad, y los creyentes se regocijan porque la promesa se ha cumplido. Las cinco velas se siguen encendiendo hasta el día de Epifanía.

La corona de Adviento es una costumbre bonita, grata para la familia cristiana, que simboliza y estimula la gozosa espera de la Navidad.

En la casa se puede poner una corona de Adviento en la mesa del comedor y se enciende en las comidas, con lecturas bíblicas pertinentes, especialmente el domingo. Esa costumbre da oportunidad para la devoción familiar, y ayuda a enseñar a los niños.

El calendario de Adviento

Es básicamente un calendario en el cual se marcan los días que pasan hasta llegar al día de Navidad. Hay diversos modelos de calendarios, pero en general consisten en una tarjeta o tablero con ventanas que se pueden abrir, cada día de Adviento, para mostrar un símbolo, una figura o un texto referente a la historia bíblica del nacimiento de Jesús. El calendario de Adviento es una forma de fomentar el interés especialmente de los niños durante toda la estación.

Pesebre, Belén, o nacimiento

Es la representación por medio de figuras de la historia del nacimiento del Señor Jesucristo. En el siglo 13, Francisco de Asís hizo en la gruta de Greccio, en Italia, una representación con animales y personas para presentar la historia del nacimiento de Jesús de manera que todos lo pudieran comprender. Algunas personas trataron de hacer lo mismo en sus casas utilizando pequeñas figuras de madera o barro.

De Italia la costumbre se extendió por Europa y en España tuvo un desarrollo muy especial. Durante la conquista de América se arraigó la costumbre del pesebre en los territorios dominados por los españoles. Hoy está extendido por todo el mundo, durante la estación de Adviento. Puede ser una ayuda para enseñar la historia de la salvación, para ilustrar el amor infinito de Dios; también da ocasión para que los miembros de la familia y de la congregación pasen horas juntos mientras instalan el pesebre y comentan la historia que representa.

El árbol de Navidad

Originalmente era un verdadero árbol verde pero, por motivos ecológicos, en la actualidad consiste muchas veces en un árbol artificial, cuya altura varía de unos centímetros a varios metros, decorado con cintas, estrellas, luces y demás adornos que la imaginación pueda producir.

El simbolismo que se puede atribuir al árbol se fundamenta en que en el árbol de la cruz el Salvador pagó por el pecado del mundo, que se originó en el árbol del Edén.

Aunque se le atribuye origen pagano, su adopción en la iglesia cristiana data del siglo 16; varios historiadores afirman que Martín Lutero popularizó el árbol de Navidad en Alemania. Durante los siglos 19 y 20 se extendió lentamente la costumbre por Europa y América. Hoy ha sido adoptada en casi todo el mundo.

En la mayoría de las comunidades el árbol se instala al comienzo de la estación de Adviento y se retira al final de la estación de Navidad. Por su colorido es un elemento decorativo que contribuye a destacar el "espíritu" de la temporada.

Otras celebraciones

En muchos países hay una variedad de observancias, representaciones musicales y teatrales basadas en las historias y profecías bíblicas de la natividad de Cristo, que pueden ser usadas con fines pedagógicos, de motivación y de regocijo en el amor de Dios.

La estación de Adviento y la fiesta de Navidad, unidas al día de Año Nuevo, han adquirido con el tiempo el carácter de celebración civil, practicada independientemente de la fe de las personas.

Aunque esa celebración civil se puede considerar como *adiáfora*, es necesario enseñar y preparar convenientemente a los fieles para que se esfuercen por vivir ese período del año eclesiástico en la fe, en esperanza y gratitud a Dios.

V. LA ESTACIÓN DE NAVIDAD

DEFINICIÓN

La palabra *navidad* es una contracción de natividad, que significa natalicio. El día de Navidad es la conmemoración anual del nacimiento de Jesucristo en Belén, según los Evangelios de San Mateo y San Lucas. Después de la Pascua de Resurrección es actualmente para algunos la fiesta más importante del año eclesiástico. La mayoría de los cristianos que celebran la Navidad, lo hacen el 25 de diciembre, pero la iglesia ortodoxa oriental la celebra el 6 de enero y las iglesias arminianas el 19 de enero. Aquí solo se considera el uso más extendido.

La estación de Navidad es el período comprendido entre el día de Navidad, el 25 de diciembre, y la víspera de la Epifanía, el 5 de enero.

DURACIÓN Y DÍAS ESPECIALES

Navidad es una estación corta. Comienza con el día de Navidad, el 25 de diciembre y continua durante los doce días de Navidad, hasta la víspera de Epifanía. Esos doce días de Navidad incluyen uno o dos domingos.

El día de Navidad es la primera gran celebración del año eclesiástico, la festividad del nacimiento del Salvador.

El día de Año Nuevo: El primero de enero, cae en la estación de Navidad; no es propiamente una fecha del año eclesiástico, pero por su significado en la vida de los creyentes, en muchas congregaciones se celebra con un servicio especial.

SIGNIFICADO Y ESPÍRITU DEL DÍA Y DE LA ESTACIÓN DE NAVIDAD

Navidad es una estación de agradecimiento por la bondad de Dios. En ella se celebra el nacimiento de Jesús, Emmanuel, Dios encarnado, la revelación de Dios al mundo en Cristo, perfecto hombre y perfecto Dios, para la reconciliación de la humanidad con Dios. Es tiempo de recordar que Dios está con su iglesia todos los días hasta el fin del mundo.

HISTORIA

La iglesia cristiana comenzó a celebrar la Navidad a partir del siglo 4. Los cristianos de la iglesia primitiva no tuvieron el concepto de Navidad ni hay evidencia de que se hayan ocupado formalmente del tema de la fecha del nacimiento del Salvador y menos aún de su conmemoración; el tema central de sus celebraciones era la resurrección de Cristo. Lentamente se desarrolló la tradición de celebrar el nacimiento y el bautismo de Cristo el 6 de enero.

Hay algunos fundamentos doctrinales muy importantes en el origen de la celebración de la Navidad: Los siglos 4 y 5 fueron épocas de grandes debates teológicos sobre la divinidad de Cristo; el propósito principal de los concilios ecuménicos del siglo 4 fue afirmar la doctrina de la doble naturaleza de Cristo, verdadero Dios y verdadero hombre. Fue célebre y trascendental la polémica de Nestorio y Eutiques, que dio lugar a los concilios de Éfeso y Calcedonia, en los que se proclamó la doctrina de las dos naturalezas en la persona del Señor Jesucristo. Esos debates llamaron la atención de la iglesia a los textos bíblicos de la historia de la Navidad y a la importancia del nacimiento del Salvador y a su celebración no como aniversario sino como misterio.

La Biblia no proporciona datos suficientes para determinar el día del año en que nació el Salvador. En la tercera década del siglo 4, los cristianos de Roma comenzaron a celebrar la Navidad el 25 de diciembre. Ha habido mucha discusión sobre las razones que motivaron la elección de esa fecha, se ha afirmado que fue la adaptación al calendario de la iglesia de una fiesta pagana de adoración al sol, en el solsticio de invierno, que ocurre ese día. Si es ése u otro el origen de la celebración, es un hecho irrelevante para el creyente que quiere agradecer y alabar a Dios por el nacimiento de su Hijo unigénito, su más precioso don para la humanidad.

La primera referencia a la celebración de la Navidad el 25 de diciembre en Roma aparece en un documento del año 336. Existe un documento del año 360 que registra la celebración en África; Gregorio Nacianceno la estableció en Constantinopla en el año 380 y se sabe por Juan Crisóstomo que se celebró en Antioquía a partir del año 386.

A partir del siglo 8 la celebración de la Navidad adquirió mayor importancia en el calendario litúrgico hasta llegar al significado que hoy se le confiere.

Repetitivamente, durante estos siglos de historia de la celebración de la Navidad, se ha presentado el debate sobre la pertinencia de la festividad, que ha tenido defensores y detractores. En el siglo 16 fue proscrita por los puritanos en Gran Bretaña, pero fue restablecida pocos años después.

El entusiasmo y la emotividad fueron enriqueciendo la celebración y aparecieron progresivamente los cantos, las decoraciones, la iluminación en los templos y en los hogares, las representaciones dramáticas y el pesebre o nacimiento.

En la segunda mitad del siglo 19 se difundieron nuevos usos y costumbres que hoy son muy simbólicos de la fiesta y de la estación de Navidad. El árbol de Navidad, de origen alemán, se convirtió en costumbre universal de la iglesia; se enriqueció el repertorio de obras musicales de diversos géneros, especialmente el de los villancicos en las comunidades de habla castellana. Norteamérica aportó la universalización de las tarjetas de Navidad (que hoy van siendo reemplazadas por correos electrónicos), hacia 1880; la figura y la leyenda de San Nicolás, o Santa Claus, o Noel, que tienen orígenes escandinavo, francés y ruso.

COLORES

Azul es el color que se está generalizando, es el color del cielo y se ha adoptado para distinguir la estación de Navidad, en la que la iglesia se regocija por el advenimiento del Salvador, de la estación de Cuaresma, que exige un color más solemne y sobrio.

Blanco es un color tradicional de la estación, porque simboliza alegría y luz. Jesús es la luz el mundo.

Oro es una alternativa para el blanco, simboliza también el gozo en la luz que ha venido.

Púrpura es el color tradicional de la estación, cuando se considera como estación penitencial.

Rojo se ha adoptado por la influencia de las decoraciones propias de la estación en costumbres más comerciales que litúrgicas.

Verde, como el rojo, para la estación de Navidad, es de origen más secular que litúrgico.

LECTURAS

Los textos para el día de Navidad y para el primer domingo después de Navidad tratan de la encarnación de Dios, que se hace hombre para que sea posible la obra salvadora.

Textos para el día de Navidad

Lecturas del Antiguo Testamento:
- Serie A. Isaías 52:7-11
- Serie B. Isaías 62:10-12
- Serie C. Isaías 9:2-7

Lecturas de las epístolas:
- A. Hebreos 1:1-9
- B. Tito 3:4-7
- C. Tito 2:11-14

Lecturas de los evangelios:
- A. Juan 1:1-14
- B. Lucas 2:1-20
- C. Lucas 2:1-20

Textos para el Primer Domingo después de Navidad

Lecturas del Antiguo Testamento:
- A. Isaías 63:7-9
- B. Isaías 45:22-25
- C. Jeremías 31:10-13

Lecturas de las epístolas:
- A. Gálatas 4:4-7
- B. Colosenses 3:12-21
- C. Hebreos 2:10-18

Lecturas de los evangelios:
- A. Mateo 2:13-14, 19-23
- B. Lucas 2:25-40
- C. Lucas 2:25-38

Textos para el día de Año Nuevo

Lecturas del Antiguo Testamento:
- A. Números 6:22-27
- B. Números 6:22-27
- C. Números 6:22-27

Lecturas de las epístolas:
- A. Romanos 1:1-7
- B. Romanos 1:1-7
- C. Romanos 1:1-7

Lecturas de los evangelios:
- A. Lucas 2:21
- B. Lucas 2:21
- C. Lucas 2:21

Textos para el Segundo Domingo después de Navidad

Lecturas del Antiguo Testamento:
- A. Isaías 61:10-62:3
- B. Isaías 61:10-62:3
- C. Isaías 61:10-62:3

Lecturas de las epístolas:
- A. Efesios 1:3-6, 15-18
- B. Efesios 1:3-6, 15-18
- C. Efesios 1:3-6, 15-18

Lecturas de los evangelios:
- A. Juan 1:1-8
- B. Juan 1:1-8
- C. Juan 1:1-8

CELEBRACIÓN

Aunque son las más cortas del año eclesiástico, las estaciones de Adviento y Navidad tienen el mayor número de costumbres asociadas, que destacan su carácter festivo tanto en la liturgia de la iglesia como en los hogares.

Villancicos

Tienen su fuente en las historias bíblicas de Navidad, estrictamente hablando, su origen es español y latinoamericano. La costumbre de componer cantos especiales para la Navidad, que por extensión se pueden llamar villancicos, aunque de antiguo origen, procede fundamentalmente del siglo 19. Los primeros cantos navideños conocidos datan del siglo 11. El muy conocido "Adeste Fideles" data del siglo 17. Cuando, en el siglo 13, Francisco de Asís estableció la costumbre del pesebre, comenzaron a asociarse cantos navideños compuestos para cantar al lado del pesebre. El también muy estimado canto navideño "Noche de Paz" fue compuesto por un clérigo austriaco para la Navidad de 1818. En América Latina hay una larga y rica tradición de villancicos.

Cuidando el aspecto doctrinal de los textos, los villancicos son una bella forma de enseñar la historia de la Navidad, de expresar la fe, la gratitud, el regocijo y la esperanza por la venida del Salvador, una manera de compartir el espíritu de la estación cantando en los servicios, organizando coros para las diversas ocasiones, visitando los hogares o las congregaciones hermanas.

Regalos

Aunque el origen se atribuye a costumbres paganas de Roma, es una costumbre que corresponde a las historias bíblicas de Navidad. Durante siglos se ha acostumbrado dar y recibir regalos y felicitaciones el día de Navidad. El propósito es recordar los regalos que le llevaron los sabios al niño Jesús, como expresión de adoración y de amor. Por esa razón, en algunas comunidades los regalos se intercambian el 6 de enero.

Bien administrada, es una costumbre útil para expresar el amor a las personas cercanas, para socorrer a los necesitados y a los faltos de afecto.

Bastón de Navidad

Es un dulce en forma de bastón, con franjas de colores blanco y rojo. Es producto de la imaginación de los comerciantes, pero hoy es parte de la simbología. Es un elemento decorativo.

Iluminaciones

Encender fogatas la noche de Navidad es una costumbre antigua para simbolizar la luz que viene al mundo por el nacimiento del Salvador. Modernamente se ha reemplazado por el alumbrado eléctrico característico de la temporada en las iglesias, los hogares y los lugares públicos. Tiene valor motivacional y decorativo

Tarjetas de Navidad

La tradición comenzó en Londres en 1846, pero se popularizó en los Estados Unidos a finales del siglo 19; hoy tiene modalidades electrónicas. Es un excelente medio para difundir el mensaje del evangelio, para expresar el amor por el prójimo, para llevar enseñanza y consuelo.

Santa Claus

Es otro aporte de los Estados Unidos. La historia de San Nicolás tiene origen en hechos de la historia de la iglesia; las versiones de Santa Claus y de Papá Noel tienen otro origen. La figura ya universalizada del hombre viejo con cabellos y barba abundantes y blancos, con vestiduras rojas y blancas, con trineo, renos y bolsas de regalos es de origen comercial. Tiene valor decorativo.

Los cristianos tienen libertad de utilizar o no utilizar, de darle significado a esos usos y costumbres para dar gloria a Dios, para enriquecer las celebraciones, para enseñar, expresar amor, consolar y motivar, cuidando de no atribuirle a Santa Claus las cualidades de Dios.

VI. LA ESTACIÓN DE EPIFANÍA

DEFINICIÓN

La palabra *epifanía* procede del vocablo griego ἐπιφάνεια, que significa *aparición, manifestación*. En el Nuevo Testamento aparece una vez, en 2 Tesalonicenses 2:8. En el lenguaje cristiano se refiere especialmente a la manifestación de Dios hecho hombre.

El término *epifanía* significa "mostrar" o "hacer conocido" o "revelar". En las iglesias occidentales, recuerda la manifestación de Dios a los gentiles (los sabios de Oriente).

DURACIÓN Y DÍAS ESPECIALES

La estación comienza el día de Epifanía, 6 de enero, y llega hasta el Miércoles de Ceniza; comprende de cuatro a nueve domingos, dependiendo de la Pascua. Está en medio de las estaciones de Navidad y Cuaresma. Se extiende hasta el Domingo de Septuagésima, 64 días antes de la Pascua. Aunque Jesús se dio a conocer en diferentes momentos a diferentes personas, la iglesia celebra como epifanías tres eventos:

✦ La epifanía a los sabios de Oriente (Mateo 2:1-12), manifestación a los paganos, que se celebra el 6 de enero;

✦ La epifanía en su bautismo (Lucas 3:15-17, 21, 22), manifestación a los judíos por medio de Juan el Bautista, y

✦ La epifanía al comienzo de su vida pública, en el milagro de las bodas de Caná (Juan 2:1-11), manifestación a sus discípulos.

La mayoría de los cristianos celebran la Epifanía el 6 de enero, el duodécimo día después de la Navidad. Algunos cristianos orientales observan este día como la Navidad, y la Epifanía el 19 de enero.

LA EPIFANÍA A LOS SABIOS DE ORIENTE

El día de Epifanía celebra la primera manifestación de la divinidad de Jesús a los gentiles, representados por los sabios. La importancia de esta epifanía está en que los sabios llegaron del Oriente, de fuera del pueblo de Israel, del mundo pagano. En ellos comenzó a cumplirse lo profetizado por Simeón, inspirado por el Espíritu Santo, en Lucas 2:32.

La Epifanía lleva a meditar en el plan de salvación que la gracia de Dios ha dispuesto para la humanidad. Dios se manifiesta, se revela al mundo para hacer a todos partícipes de la salvación.

No se sabe con certeza cómo fueron los sabios expuestos a la palabra de Dios, para que el Espíritu Santo obrara en ellos la fe, pero es evidente que hicieron el largo viaje movidos por esa fe. La Epifanía recuerda cómo la fe de los sabios venció todos los obstáculos.

Ciertamente, antes del nacimiento del Salvador en Belén, hubo gentiles salvos por la fe en el Mesías; los sabios de Oriente son parte de las almas llamadas por la gracia de Dios desde el seno del paganismo, como Melquisedec, Jetro, Rut, Job, Naamán, Rahab, el centurión de Capernaúm y muchos otros.

Contrasta con la fe de los sabios de Oriente la precisión con que los eruditos, basándose en la Escritura, responden la pregunta de Herodes sobre el nacimiento del Mesías y sin embargo no van a adorarlo; conocen la palabra de Dios, pero no hay evidencia de fe en su actitud.

En aquella época, los persas llamaban "magos" a los sacerdotes. Más tarde la tradición les llamó "reyes", por alusión al Salmo 72:10-11.

El Evangelio de San Mateo (Mateo 2:1-12) cuenta que vinieron del Oriente a Jerusalén unos sabios buscando al nuevo rey que habría de nacer, y que le llevaron como presentes incienso, oro y mirra. En las Escrituras no se dan detalles de su origen, su personalidad, sus rasgos, ni siquiera sus nombres.

Se supone que eran "sabios" o "astrónomos"; quizás, según la tradición del siglo 1, reyes de naciones al oriente del mediterráneo.

LA EPIFANÍA EN EL BAUTISMO DEL SEÑOR

El primer domingo después de la Epifanía, el evangelio narra el bautismo de Jesús. En la iglesia cristiana primitiva, este evento se recordaba y celebraba más que su nacimiento. Contiene preciosas enseñanzas, entre ellas, las siguientes:

Juan el Bautista seguramente conocía a Jesús como ser humano, porque era su pariente, pero no lo conocía como el Mesías prometido; por eso en el bautismo del Señor hay para él una epifanía, una manifestación de la gloria de Jesús, de su condición de Hijo de Dios, Salvador del mundo, según consta en Juan 1:31-34.

En el bautismo del Señor se revela el Dios Trino: el Hijo está en el río Jordán, el Espíritu Santo viene sobre él y el Padre hace oír su voz desde el cielo.

Jesús no necesitaba ser bautizado porque no era pecador, pero quiso serlo para "cumplir toda justicia".

El bautismo del Señor señala el inicio de su ministerio público, marca el comienzo de sus oficios como profeta, sacerdote y rey.

La narración del bautismo de Jesús enseña el amor de Dios para los pecadores y para su Hijo. Recuerda que el llamamiento que hacía Juan al arrepentimiento sigue vigente hoy. Es el llamado a un cambio de corazón y de mente, que se manifiesta en la confesión del pecado, la contrición y la confianza en el perdón que tenemos por la fe en el Salvador.

LA EPIFANÍA EN LAS BODAS DE CANÁ

Las lecturas de los evangelios para los siguientes domingos de Epifanía enseñan cómo el Señor Jesucristo revela por medio de sus palabras y hechos milagrosos que él es el Mesías, verdadero Dios y verdadero hombre. Con los milagros, fortalece la fe de sus seguidores en él como el Hijo de Dios y Salvador del mundo. Los milagros no creaban la fe, pero sí la confirmaban y la fortalecían en los que habían creído por haber oído su Palabra.

El milagro de las bodas de Caná es una epifanía; el evangelio dice que en esa ocasión Jesús "manifestó su gloria". Fue una epifanía en especial para sus discípulos, que creyeron en él. Ya habían creído, puesto que le habían seguido; pero la fe, que es la confianza del corazón, fue fortalecida en aquellos primeros seguidores. Éste fue el principio de sus milagros, el primero de la serie de obras de poder y de amor por las cuales Jesús se manifestó como el Salvador.

El primer milagro de Jesús proporciona varias otras enseñazas y temas de meditación: que haya ocurrido en una fiesta de bodas indica que el matrimonio es un vínculo sagrado, que Dios lo utiliza como imagen de su relación con la iglesia. La presencia de Jesús santifica la vida del individuo y de la comunidad; él nos acompaña en todo momento y lugar.

La Transfiguración del Señor cae el domingo anterior al Miércoles de Ceniza, y es el último de la estación de Epifanía. Conmemora el día en que Elías y Moisés aparecieron con Jesús en la cima de la montaña, cuando él fue revelado a sus discípulos como el verdadero Hijo de Dios. Señala y anuncia el camino del Señor a la cruz, y la aprobación de su Padre.

ESPÍRITU Y SIGNIFICADO DE LA ESTACIÓN

La Epifanía celebra la revelación de Jesús al mundo gentil; eso es causa de alegría y gratitud, porque Jesucristo se ha revelado también a los no judíos como su Salvador. Así confirma la doctrina de que la obra redentora de Cristo es universal.

La estación de Epifanía también es ocasión para que cada creyente dé gracias a Dios por la revelación del Salvador que le ha sido concedida, para pedir en oración la Epifanía para todos los que lo rodean y siguen en la oscuridad; para que Dios disponga las oportunidades y conceda a los creyentes el amor y el valor para proclamar su Palabra.

La Epifanía tiene un significado teológico como herramienta de enseñanza en la iglesia. Los sabios que llevaron regalos al niño Jesús fueron los primeros gentiles en reconocer a Jesús como Rey y así fueron los primeros en "mostrar" o "revelar" a Jesús a un mundo más amplio como el Cristo encarnado. Ese acto de adoración de los sabios, que corresponde a la bendición de Simeón de que el niño sería "luz que ilumina a las naciones" (Lucas 2:32), fue una de las primeras indicaciones de que Jesús vino para todos los pueblos, naciones, razas y que la obra de Dios en el mundo no se limita a unos pocos.

Hoy el día se observa como tiempo para considerar la misión de la iglesia de alcanzar a otros "mostrando" a Jesús como el Salvador de todos. También es tiempo de centrarse en la fraternidad y el compañerismo cristiano.

En Epifanía, también los creyentes se maravillan por lo que Dios ha hecho, no sólo por ellos, sino por todos.

Jesús fue bautizado por Juan, no porque lo necesitara para limpiar su pecado (que no tenía), sino para "cumplir la ley". En Epifanía vemos a Satanás hacer un intento inútil de tentar a Jesús en el desierto. Finalmente, con Pedro, Santiago, y Juan, la iglesia es testigo de la transfiguración del Señor Jesucristo justo antes de ir a Jerusalén para ser crucificado.

La Epifanía a los sabios de Oriente, la manifestación a los paganos, debe ser causa particular de alegría y agradecimiento para los pueblos convertidos del paganismo. Dios llama a todos los pueblos, todas las razas, culturas y religiones.

HISTORIA

La Epifanía se originó en la iglesia de Oriente como conmemoración del bautismo de Jesús; más tarde, considerando la iglesia a los sabios como las primicias del paganismo llamados a la fe, hizo de la Epifanía la conmemoración de la manifestación del Salvador a los gentiles.

Después de la Pascua, es la más antigua estación del año eclesiástico. En la iglesia primitiva, era un tiempo en el que los nuevos convertidos eran admitidos, después de un periodo de preparación. Al comienzo, la Epifanía conmemoraba del nacimiento y el bautismo de Jesús; más tarde, se estableció la estación de Navidad y la Epifanía se convirtió en la celebración del bautismo de Jesús en la iglesia oriental y de la visita de los sabios en la iglesia occidental.

COLORES

Los colores de la Epifanía han sido tradicionalmente blanco y dorado, que simbolizan regocijo y esperanza.

LECTURAS

Los textos del Antiguo Testamento para la estación enseñan que antes del advenimiento de nuestro Señor Jesús, Dios manifestó su gloria; en ese sentido hubo epifanías.

Isaías tuvo una epifanía: en 6:1-5 relata, inspirado, el encuentro que tuvo con el Señor. Esa epifanía muestra la gloria de Dios y la miseria del hombre; el infinito temor que sobrecoge al hombre por la conciencia del pecado y el infinito amor de Dios, que da la salvación, aquí representada en la purificación de los labios del profeta.

Los textos para el día de Epifanía

Lecturas del Antiguo Testamento:
- A. Isaías 60:1-6
- B. Isaías 60:1-6
- C. Isaías 60:1-6

Lecturas de las epístolas:
- A. Efesios 3:2-12
- B. Efesios 3:2-12
- C. Efesios 3:2-12

Lecturas de los evangelios:
- A. Mateo 2:1-12
- B. Mateo 2:1-12
- C. Mateo 2:1-12

Textos para el Primer Domingo después de Epifanía

Lecturas del Antiguo Testamento:
- A. Isaías 42:1-7
- B. Isaías 45:22-25
- C. Jeremías 31:10-13

Lecturas de las epístolas:
- A. Hechos 10:34-38
- B. Hechos 10:34-38
- C. Hechos 10:34-38

Lecturas de los evangelios:

A. Mateo 3:13-17

B. Marcos 1:4-11

C. Lucas 3:15-17

Textos para el Segundo Domingo después de Epifanía

Lecturas del Antiguo Testamento:

A. Isaías 49:1-6

B. 1 Samuel 3:1-10

C. Isaías 62:1-5

Lecturas de las epístolas:

A. 1 Corintios 1:1-9

B. 1 Corintios 6:12-30

C. 1 Corintios 12:3-11

Lecturas de los evangelios:

A. Juan 1:29-41

B. Juan 1:43-61

C. Juan 2:1-11

Textos para el Tercer Domingo después de Epifanía

Lecturas del Antiguo Testamento:

A. Isaías 9:1-4

B. Jonás 3:1-5, 10

C. Isaías 61:1-6

Lecturas de las epístolas:

A. 1 Corintios 1:10-17

B. 1 Corintios 7:29-31

C. 1 Corintios 12:12-21

Lecturas de los evangelios:

A. Mateo 4:12-23

B. Marcos 1:16-20

C. Lucas 4:14-21

Textos para el Cuarto Domingo después de Epifanía

Lecturas del Antiguo Testamento:

A. Miqueas 6:1-8
B. Deuteronomio 18:15-20
C. Jeremías 1:4-10

Lecturas de las epístolas:

A. 1 Corintios 1:26-31
B. 1 Corintios 8:1-13
C. 1 Corintios 12:27-13:13

Lecturas de los evangelios:

A. Mateo 5:1-12
B. Marcos 1:21-28
C. Lucas 4:21-30

Textos para el Quinto Domingo después de Epifanía

Lecturas del Antiguo Testamento:

A. Isaías 58:5-9
B. Job 7:1-7
C. Isaías 6:1-8

Lecturas de las epístolas:

A. 1 Corintios 2:1-5
B. 1 Corintios 9:16-23
C. 1 Corintios 14:12-20

Lecturas de los evangelios:

A. Mateo 5:13-20
B. Marcos 1:29-39
C. Lucas 5:1-11

Textos para el Sexto Domingo después de Epifanía

Lecturas del Antiguo Testamento:

A. Deuteronomio 30:15-20
B. 2 Reyes 5:1-14
C. Jeremías 17:5-8

Lecturas de las epístolas:

A. 1 Corintios 2:6-13
B. 1 Corintios 9:24-27
C. 1 Corintios 15:12, 16-29

Lecturas de los evangelios:
- A. Mateo 5:20-37
- B. Marcos 1:40-45
- C. Lucas 6:17-26

Textos para el Séptimo Domingo después de Epifanía

Lecturas del Antiguo Testamento:
- A. Levítico 19:1, 2, 17, 18
- B. Isaías 42:18-25
- C. Génesis 45:1-7

Lecturas de las epístolas:
- A. 1 Corintios 3:10, 11, 16-23
- B. 2 Corintios 1:18-22
- C. 1 Corintios 15:25-38, 42-50

Lecturas de los evangelios:
- A. Mateo 5:28-48
- B. Marcos 2:1-12
- C. Lucas 6:17-38

Textos para el Octavo Domingo después de Epifanía

Lecturas del Antiguo Testamento:
- A. Isaías 49:13-18
- B. Oseas 2:14-16, 19, 20
- C. Isaías 55:10-13

Lecturas de las epístolas:
- A. 1 Corintios 4:1-13
- B. 2 Corintios 3:1b-6
- C. 1 Corintios 15:51-58

Lecturas de los evangelios:
- A. Mateo 6:24-34
- B. Marcos 2:18-22
- C. Lucas 6:39-45

Textos para La Transfiguración
Último Domingo después de Epifanía

Lecturas del Antiguo Testamento:
- A. Éxodo 24:12, 15-18
- B. 2 Reyes 1:12
- C. Deuteronomio 34:1-12

Lecturas de las epístolas:
- A. 2 Pedro 1:16-19
- B. 2 Corintios 3:12-4:2
- C. 2 Corintios 4:3-6

Lecturas de los evangelios:
- A. Mateo 17:1-9
- B. Marcos 9:2-9
- C. Lucas 9:28-36

CELEBRACIÓN

La noche antes del día de Epifanía, llamada también duodécima noche (de la estación de Navidad) es celebrada con regocijo en algunas congregaciones; hornean y comparten el Pastel del Rey. Es una ocasión para enseñar y meditar sobre el significado de la estación.

El día de Epifanía, el 6 de enero, en algunas congregaciones los niños y jóvenes de la escuela dominical hacen la representación de la visita de los reyes al Niño. Tanto la preparación como la presentación son ocasiones para enseñar el significado del día y de la estación de Epifanía y para expresar gozo y gratitud por la revelación de Dios a toda la humanidad.

La costumbre más generalizada de dar regalos, especialmente a los niños, la víspera de Navidad o el día de Navidad, se conserva en algunas culturas el 6 de enero, recordando los regalos que le llevaron los reyes magos al Niño Jesús.

VII. LA ESTACIÓN DE CUARESMA

DEFINICIÓN

El término *cuaresma* deriva de la expresión latina *quadragesima dies* (cuarenta días). Es el período que precede a la festividad de la Resurrección del Señor Jesucristo. La duración de la estación (exceptuando los seis domingos) conmemora los cuarenta días que ayunó el Salvador en el desierto, antes de iniciar su ministerio público.

DURACIÓN Y DÍAS ESPECIALES

La estación de Cuaresma abarca 46 días, comienza el Miércoles de Ceniza, tiene su etapa más importante en la Semana Santa y concluye el sábado anterior a la Pascua. Como los domingos celebran la resurrección de Jesús, los seis domingos que hay durante la Cuaresma no se cuentan como parte de los 40 días.

Los días destacados de la estación son: Miércoles de Ceniza, Semana Santa: Domingo de Ramos (o Domingo de Pasión), Jueves Santo, Viernes Santo, y Sábado Santo.

Miércoles de Ceniza

Es el séptimo miércoles antes del Domingo de Pascua. Señala el comienzo de la estación de Cuaresma. El nombre procede de la antigua costumbre de poner ceniza en la cabeza o en la frente de los fieles como símbolo de arrepentimiento, de contrición, de lamento. La imposición de ceniza con ese simbolismo tiene fundamento bíblico (Ester 4:1, 3; Job 2:8; 42:6; Daniel 9:3; Jonás 3:6; Mateo 11:21). La ceniza se asocia al polvo, simboliza el pecado y la fragilidad humana. En el Antiguo Testamento se ve la idea de que el pecador es ceniza (Ezequiel 28:18). Por eso el pecador afligido se sienta sobre ceniza (Job 42:6) y se cubre con ella la cabeza (Ezequiel 27:30). También significa la tristeza del hombre abrumado por la desgracia (2 Samuel 13:19) y afligido por el luto (Jeremías 6:26).

En la antigüedad la ceniza se usaba para expresar que el hombre sin Dios es como polvo; que al morir, se vuelve polvo y no resucita a la vida eterna (Job 42:6). Los pecadores penitentes se vestían con un sayal, y sobre la cabeza se ponían ceniza para manifestar que estaban arrepentidos. Por eso algunas iglesias imponen cenizas en forma de cruz sobre la frente de sus feligreses.

Históricamente, el Miércoles de Ceniza tiene origen en los ritos durante los cuales la iglesia primitiva volvía a recibir a los penitentes que, habiendo caído de la fe, habían sido excomulgados.

Como primer día de la estación de Cuaresma, conmemora la muerte de Jesús y le recuerda al creyente las consecuencias del pecado.

Actualmente, la mayoría de las iglesias litúrgicas tienen un servicio el Miércoles de Ceniza, centrado en el tema del arrepentimiento o en el tema de la pasión del Salvador.

La Semana Santa

Es la última semana de la Cuaresma, inmediatamente anterior al domingo de Pascua. Se observa en muchas iglesias cristianas como ocasión para conmemorar, agradecer y proclamar el sufrimiento (pasión) y muerte de Jesús, el Salvador prometido, para la salvación del mundo. La congregación repasa la última semana de la vida terrenal de Jesús: su entrada a Jerusalén el Domingo de Ramos; la última cena, su angustia y su oración el Jueves Santo; y su muerte en la cruz el Viernes Santo.

La observación de la Semana Santa tiene un sólido fundamento bíblico, invita a la iglesia a poner la esperanza en la obra redentora de Cristo, en su resurrección.

Domingo de Ramos, o Domingo de Pasión, o Palmarum

Este domingo recuerda la entrada triunfal de Jesús en Jerusalén; las multitudes que estaban en la ciudad para celebrar la Pascua lo recibieron con ramas de palma y lo aclamaron como el rey mesiánico. Los evangelios dicen que Jesús entró a la ciudad en un asno, cumpliendo la profecía de Zacarías 9:9. Los entusiastas que aclamaron al Salvador ese domingo, el viernes siguiente pidieron su crucifixión con un clamor equivalente. Lo habían aclamado como el nuevo rey que venía a sentarse en el trono de David, según narra Marcos 11:10, pero lo repudiaron cuando vieron que no era el rey terrenal y político que en su falsa sabiduría esperaban. En este sentido, el Domingo de Ramos es una buena ocasión para considerar la tendencia humana a hacer a Dios a su imagen y semejanza.

En algunas iglesias el Domingo de Ramos se denomina de Pasión, y se centra en la pasión de Cristo, puesto que el siguiente domingo será la Pascua, que se dedica a la celebración del triunfo del Salvador. De este modo, el Domingo de Pasión es una ocasión para meditar en el sufrimiento y la muerte de Jesús en un domingo.

Jueves Santo

Conmemora la última cena, la cena de Pascua que celebró Jesús con sus discípulos la noche antes de ser traicionado. Hay varios eventos agrupados en este último día antes de que Jesús fuera arrestado, que se conmemoran de varias maneras en los cultos:

- ✦ La institución de la Santa Cena.
- ✦ La traición de Judas.
- ✦ La oración de Jesús en Getsemaní mientras los discípulos dormían.
- ✦ El lavamiento de los pies por Jesús.

La última cena fue una cena de Pascua, como había sido ordenada por Dios, para recordar el éxodo de los israelitas de Egipto, cuando la muerte "pasó" sobre las casas de los judíos en la décima plaga que envió Dios sobre los egipcios. Juan cuenta del lavamiento de los pies de los discípulos por Jesús como señal de servicio. Durante esta cena, el Señor Jesucristo instituyó la Pascua cristiana.

Muchas liturgias se centran en la cena y en la comunión para conmemorar este día; es una ocasión para renovar la enseñanza y el aprecio por la Cena del Señor, en la que Jesús llama a la iglesia a celebrar el nuevo acto de liberación que él vino a realizar.

La noche del Jueves Santo, después de celebrada la cena, Jesús y sus discípulos fueron al jardín de Getsemaní, donde Jesús oró, con gran angustia, sin ser acompañado por los discípulos en su oración.

Después, Jesús fue arrestado y llevado a la casa de Caifás, el sumo sacerdote, sometido a un juicio y condenado.

Viernes Santo

Es el día en que la iglesia conmemora el arresto de Jesús, la traición, crucifixión y sufrimiento, muerte y sepultura. Los servicios de ese día se centran en la muerte de Jesús. Hay variedad de cultos para el Viernes Santo, todos con el propósito de comunicar a los fieles la magnitud del sacrificio del Salvador a favor del mundo. Es una oportunidad para reflexionar sobre el pecado y sus consecuencias y sobre la salvación que Cristo ganó para todos cuando asumió la naturaleza humana para vivir, como sustituto de cada persona, la vida perfecta que la ley exige y sufrir el castigo que cada persona mereció por el pecado.

Sábado Santo

Es el día que Jesús yació en la tumba. Algunas congregaciones tienen servicios ese día, pero no celebran la Comunión. Otras congregaciones suspenden los servicios y la lectura de la Escritura el Sábado Santo, lo asumen como un día de meditación.

SIGNIFICADO Y ESPÍRITU DE LA CUARESMA

La Cuaresma es una estación rica en significado; es un tiempo para reflexionar en el sufrimiento y la muerte del Salvador. También es tiempo de infinita gratitud por la obra redentora de Jesucristo, porque el precio del rescate ha sido pagado, los pecados han sido perdonados, la muerte ha sido derrotada.

Por su relación histórica con el Bautismo, algunas iglesias hacen énfasis especial en su significado, en la vida del que ha sido bautizado. Por eso centran la predicación en el examen de uno mismo, en la conversión (etimológicamente "cambio de camino") y el arrepentimiento.

Para todas las iglesias cristianas que observan la Cuaresma, ésta es una estación que se centra en la obra redentora de Cristo; para ello muestran la necesidad de la gracia de Dios. La congregación reflexiona sobre la debilidad de la condición humana y el valor de la oración. Por la predicación y la enseñanza, el cristiano redescubre su pecado y su debilidad, y la esperanza que vive en Cristo, el único que tiene el poder de perdonarlo y cambiarlo.

La última semana de la estación de Cuaresma tiene un carácter especial. Ciertamente el sacrificio expiatorio de Cristo es siempre el fundamento y el centro de la fe y de la vida de la iglesia y del creyente, pero en la Semana Santa la pasión y la muerte del Salvador son el centro de la liturgia. Esta semana pone toda su atención en la entrada de Jesús en Jerusalén, sus últimos mandamientos, su última cena, su oración por todos, su angustia y arresto, el abandono de los suyos, su ejecución, el abandono del Padre y su paso por la tumba en los sombríos días del *Triduum* (los tres días). Todo, con la vista y la esperanza puesta en la mañana de la Pascua, en la tumba vacía, cuando la muerte fue derrotada y se proclamó el perdón de los pecados por la fe.

La estación de Cuaresma prepara al cristiano para el día de la Pascua y para los cincuenta días de la estación de Pascua.

HISTORIA

El origen de la estación de Cuaresma no ha sido establecido con toda claridad, pero hay consenso en que derivó de las costumbres bautismales de la iglesia y de los ritos para volver a recibir a los que se habían apartado de la fe.

En los primeros tiempos de la iglesia, los catecúmenos, que aspiraban al Bautismo, pasaban por una preparación intensiva varias semanas antes de la Pascua. Asistían a los servicios de adoración pero no participaban en la Santa Cena, solían salir del recinto después del sermón. El Bautismo tenía lugar en la vigilia de Pascua, y desde entonces podían participar en la comunión. Con el paso del tiempo, ese período de preparación de los catecúmenos se convirtió en tiempo de preparación y ayuno para toda la comunidad.

En la segunda mitad del siglo 4 se determinó la duración de la estación en 40 días que comenzaban seis semanas antes de la pascua, un domingo que por esta razón se llama de *sexagésima*. En el siglo 6 se generalizó la costumbre del ayuno durante la Cuaresma, pero como no era costumbre ayunar en domingo por ser el día del Señor, fue necesario adelantar el comienzo de la estación al miércoles previo al primer domingo, y de esa manera se ayunaba cuarenta días, respetando los domingos.

Y así se originó la celebración del Miércoles de Ceniza, que se generalizó en el siglo 7, cuyo nombre en latín: *dies cinerum* era ya corriente en el siglo 8. La costumbre de poner ceniza en la cabeza de los fieles data del siglo 10. En la Edad Media se desarrolló la celebración de la Semana Santa hasta llegar a su forma actual.

La Iglesia Luterana siguió observando la Cuaresma desde su inicio; Martín Lutero apreciaba en gran manera el calendario cristiano.

COLORES

Blanco: El Jueves Santo, simboliza el regocijo de la iglesia en la Cena del Señor.

Dorado: Sustituye al blanco el Jueves Santo, con el mismo simbolismo.

Marrón: Algunas iglesias usan marrón, beige o gris (los colores de la ropa de los penitentes) para simbolizar el espíritu de la estación.

Negro: Es el color tradicional del Viernes Santo, para simbolizar la oscuridad del pecado, la muerte, la desesperanza y el destino de las personas que rechazan la salvación que Dios ofrece. El negro puede usarse hasta la víspera del Domingo de Pascua. También es el color apropiado para el Miércoles de Ceniza.

Púrpura o violeta oscuro: Han sido los colores tradicionales para la mayor parte de la Cuaresma, porque simbolizan el dolor y el sufrimiento de Jesús, y también el estado de la humanidad bajo el peso del pecado. El púrpura es también el color de la realeza, y por eso es apropiado para recordar que el sufriente Jesús es el Rey del universo. Es un color apropiado para el Jueves Santo.

Rojo: Es el color tradicional del Domingo de Ramos. Algunas iglesias lo usan el Jueves Santo, por ser el color de la iglesia, para recordar a los discípulos que siguieron a Jesús.

LECTURAS

Textos para el Miércoles de Ceniza

Lecturas del Antiguo Testamento:
- A: Joel 2:12-19
- B: Joel 2:3-19
- C: Isaías 59:12-20

Lecturas de las epístolas:
- A: 2 Corintios 5:20b-6:2
- B: 2 Corintios 5:20b-6:2
- C: 2 Corintios 5:20b-6:2

Lecturas de los evangelios:
- A: Mateo 6:1-6, 16-21
- B: Mateo 6:1-6, 16-21
- C: Lucas 18:9-14

Textos para el Primer Domingo de Cuaresma

Lecturas del Antiguo Testamento:
- A: Génesis 2:7-9, 15-17; 3:1-7
- B: Génesis 22:1-14
- C: Deuteronomio 26:5-10

Lecturas de las epístolas:
- A: Romanos 5:12, 17-19
- B: Romanos 8:31-39
- C: Romanos 10:8-13

Lecturas de los evangelios:
- A: Mateo 4:1-11
- B: Marcos 1:12-15
- C: Lucas 4:1-13

Textos para el Segundo Domingo de Cuaresma

Lecturas del Antiguo Testamento:

A: Génesis 12:1-8

B: Génesis 28:10-17

C: Jeremías 26:8-15

Lecturas de las epístolas:

A: Romanos 4:1-5, 13-17

B: Romanos 5:1-11

C: Filipenses 3:17-4:1

Lecturas de los evangelios:

A: Juan 4:5-26

B: Marcos 8:31-38

C: Lucas 13:31-35

Textos para el Tercer Domingo de Cuaresma

Lecturas del Antiguo Testamento:

A: Isaías 42:14-21

B: Éxodo 20:1-7

C: Éxodo 3:1-9

Lecturas de las epístolas:

A: Efesios 5:8-14

B: 1 Corintios 1:22-25

C: 1 Corintios 10:1-13

Lecturas de los evangelios:

A: Juan 9:13-17, 34-39

B: Juan 2:13-22

C: Lucas 13:1-9

Textos para el Cuarto Domingo de Cuaresma

Lecturas del Antiguo Testamento:

A: Oseas 5:15-6:2

B: Números 21:4-9

C: Isaías 12:1-6

Lecturas de las epístolas:

A: Romanos 8:1-10

B: Efesios 2:4-10

C: 1 Corintios 1:18, 22-25

Lecturas de los evangelios:
- A: Mateo 20:17-28
- B: Juan 3:14-21
- C: Lucas 15:1-3, 11-32

Textos para el Quinto Domingo de Cuaresma

Lecturas del Antiguo Testamento:
- A: Ezequiel 37:1-3, (4-10), 11-14
- B: Jeremías 31:31-34
- C: Isaías 43:16-21

Lecturas de las epístolas:
- A: Romanos 8:11-19
- B: Hebreos 5:7-9
- C: Filipenses 3:8-14

Lecturas de los evangelios:
- A: Juan 11:47-53
- B: Juan 12:20-23
- C: Lucas 20:9-19

Textos para el Domingo de Ramos

Lecturas del Antiguo Testamento:
- A: Isaías 50:4-9b
- B: Zacarías 9:9, 10
- C: Deuteronomio 31:36-39

Lecturas de las epístolas:
- A: Filipenses 2:5-11
- B: Filipenses 2:5-11
- C: Filipenses 2:5-11

Lecturas de los evangelios:
- A: Mateo 27:11-54
- B: Marcos 11:1-10
- C: Lucas 19:28-40

Textos para el Jueves Santo

Lecturas del Antiguo Testamento:

A: Éxodo 12:1-14

B: Éxodo 24:3-11

C: Jeremías 31:31-34

Lecturas de las epístolas:

A: 1 Corintios 11:23-26

B: 1 Corintios 10:16, 17

C: Hebreos 10:15-39

Lecturas de los evangelios:

A: Juan 13:1-17, 34

B: Marcos 14:12-26

C: Lucas 22:7-20

Textos para el Viernes Santo

Lecturas del Antiguo Testamento:

A: Isaías 52:13-53:12

B: Isaías 52:13-53:12

C: Isaías 52:13-53:12

Lecturas de las epístolas:

A: Hebreos 4:14-16; 5:7-9

B: Hebreos 4:14-5:10

C: Hebreos 4:14-5:20

Lecturas de los evangelios:

A: Juan 19:17-30

B: Juan 19:17-30

C: Juan 19:17-30

CELEBRACIÓN

Varias de las tradiciones de Cuaresma derivan del origen de la estación como tiempo en que la iglesia preparaba a los catecúmenos para el Bautismo.

Ayuno

Algunas iglesias continúan la tradición del ayuno en la Cuaresma. Es una costumbre que puede dar lugar a una actitud equivocada; a los cristianos la Biblia no les ordena ni les prohíbe ayunar en algún momento específico, ni abstenerse de cosa alguna en la Cuaresma. Los pastores y maestros harán bien en instruir cuidadosamente a la congregación, por si alguien, en su libertad decide ayunar o abstenerse de alguna cosa durante la Cuaresma o en otro momento del año eclesiástico.

El Miércoles de Ceniza

El carácter del día sugiere una liturgia austera, es un día de confesión de los pecados y lamento por ellos, y de preparación para toda la estación. Tradicionalmente, se omite la música del preludio y el postludio; el servicio se hace hablado, sin música en su mayor parte. Se cantan himnos que sean apropiados para la ocasión. El pastor entra y sale del servicio en silencio.

Imposición de ceniza

La imposición de la ceniza es una costumbre antigua y tiene carácter de *adiáfora*. Como el ayuno, es una costumbre que puede confundir al cristiano; por esa razón, si una congregación decide imponer la ceniza, los pastores y maestros deben instruir cuidadosamente a la congregación sobre el carácter simbólico de la costumbre, de modo que nadie se confunda sobre el papel de las cenizas.

Domingo de Ramos

Conmemora la entrada triunfal de Cristo en Jerusalén, donde fue recibido con ramas de palmera (Juan 12:12). Ese recibimiento dio origen a la tradición de usar hojas de palma para decorar el templo. Es una costumbre de gran simbolismo, pero en algunos países combatida por las autoridades por motivos ecológicos.

Algunas congregaciones hacen una procesión dentro de la iglesia, como parte del servicio de adoración.

Jueves Santo

Hay diversas maneras tradicionales de conducir el servicio. La más difundida es la que gira alrededor de la institución de la Cena del Señor.

Desmantelamiento del altar

Como el altar simboliza la presencia de Cristo, en algunas congregaciones se quitan todas las decoraciones después de la Santa Cena del Jueves Santo. Este acto de "desmantelamiento el altar" recuerda la humillación de Jesús y las consecuencias del pecado; el abandono que sufrió por parte de los discípulos y cómo fue desnudado antes de la crucifixión. Con el despojo, la iglesia queda vacía y oscura, como la tumba. El altar queda desnudo hasta el Viernes Santo.

Si una congregación decide utilizar el simbolismo descrito, los pastores y maestros deben instruir a la comunidad. En la práctica, después de la Santa Cena el altar es solemnemente despojado de todo lo que en él haya (vasos, flores, candeleros, etc.), para simbolizar el abandono que sufrió Jesús en Getsemaní. Lo más recomendable es que el ministro retire los elementos del altar y los entregue a los fieles para llevarlos a otro lugar, de manera lenta y solemne. Todo debe hacerse en silencio. Finalmente, el ministro y los fieles salen en silencio. Al final del servicio no hay bendición ni himno ni postludio.

Es también costumbre de algunas congregaciones cubrir con paños negros la cruz.

Lavamiento de pies

En algunas iglesias, es tradicional que el pastor o sacerdote lave los pies de los miembros de la congregación como parte del servicio.

Viernes Santo

En algunas iglesias quitan las flores y todos los elementos decorativos para reflejar el estado de ánimo.

La música se usa sólo para acompañar el canto de la congregación. La mayoría de las congregaciones no celebran la Santa Cena el Viernes Santo y no hay bendición al final del servicio. El ministro y la congregación salen en silencio.

El Servicio de tinieblas

Ha sido tradición en algunas iglesias celebrar un servicio nocturno, con muy escasa iluminación, centrado en el sufrimiento de Jesús.

Sábado Santo
El Servicio de la luz

Es tradicionalmente, en las congregaciones que lo practican, un servicio nocturno que responde al Servicio de tinieblas del Viernes Santo. Los miembros de la congregación se reúnen en el templo en tinieblas, cada persona con una vela. La oscuridad recuerda la desolación de los discípulos el sábado que Cristo yació en la tumba. La aparición de una nueva llama rompe la oscuridad y comienza el Servicio de la luz, cuando las velas van siendo encendidas hasta que las tinieblas son derrotadas por la luz. La meditación será sobre un texto pertinente. Se amplía la información sobre el Servicio de la luz en la celebración de la Pascua.

Durante la Cuaresma, muchas congregaciones tienen servicios adicionales en la semana, en los que se centra la meditación en la obra redentora de Cristo.

VIII. LA ESTACIÓN DE PASCUA

DEFINICIÓN

El término *Pascua*, derivado del hebreo *Pascha* con el significado de *paso*, se refiere a la décima plaga que Dios le envió a los egipcios: el ángel exterminador de Dios dio muerte a todos los primogénitos, pero *pasó* sobre las casas de los fieles que, obedeciendo las instrucciones de Dios, untaron las puertas con la sangre del cordero, sin tocar a los primogénitos; así fueron liberados los israelitas de la esclavitud en Egipto. En la iglesia cristiana, el Domingo de Pascua conmemora la resurrección de Jesucristo, que liberó al mundo de la esclavitud del pecado y de la muerte; es la fiesta más importante del año litúrgico. Se celebra el primer domingo después de la primera luna llena de primavera, que corresponde a la Pascua judía, porque Jesús fue condenado a muerte en el día de la Pascua.

DURACIÓN Y DÍAS ESPECIALES

La estación de Pascua comienza el Domingo de Pascua, o Domingo de Resurrección, y dura cincuenta días, hasta al Domingo de Pentecostés. Contiene siete domingos, que se llaman domingos de Pascua. Es una fiesta movible, que puede caer entre el 22 de marzo y el 25 de abril. La fecha se calcula con las siguientes condiciones: debe ser el domingo siguiente al plenilunio del equinoccio de primavera. Si el plenilunio cae en domingo, la Pascua se celebra el domingo siguiente.

Los días destacados de esta estación son: Domingo de Pascua, o Domingo de Resurrección; y la Ascensión del Señor.

El Domingo de Pascua o de Resurrección

Es la celebración cristiana fundamental, el día en que Jesús resucitó. Es el día más gozoso del año eclesiástico, la fecha más importante del calendario. Es el más antiguo de los días festivos cristianos.

El día de la Ascensión

Es el cuadragésimo día después de la Pascua, que cae necesariamente en jueves. Como la mayoría de las congregaciones no tienen servicios diarios, la observan el siguiente domingo. La fiesta de la Ascensión celebra la exaltación del Salvador como Señor y gobernador del universo (Efesios 1:20-22). En la Ascensión se recuerda que Jesús subió al cielo para reinar en el corazón de los fieles, para controlar el destino del mundo para el bien de su iglesia y de cada uno de los creyentes.

Las siete semanas de la estación de Pascua se han estructurado tradicionalmente de la siguiente manera:

Los domingos segundo y tercero son los de las apariciones, porque el evangelio relata las apariciones del resucitado Señor Jesucristo a sus discípulos.

El cuarto domingo es el Domingo del Buen Pastor, el evangelio presenta el discurso de Jesús en el que se describe a sí mismo como el Buen Pastor, que da su vida por las ovejas.

Los domingos quinto, sexto y séptimo presentan las palabras que les dijo Jesús a sus discípulos después de terminar la última cena, anunciando su glorificación y el envío del Espíritu Santo, y su oración por los fieles.

SIGNIFICADO Y ESPÍRITU DE LA PASCUA

La fiesta de la Pascua fue la primera gran fiesta de la iglesia cristiana, es la proclamación de la victoria de Cristo sobre la muerte, celebra la misericordiosa obra salvadora de Dios. Es el día y la estación para que la iglesia y cada uno de los creyentes alabe a Dios, le dé gracias y manifieste su regocijo por la obra mediante la cual Cristo liberó al mundo de la esclavitud del pecado y de la muerte. San Pablo expresa claramente el significado de la Pascua en 1 Corintios 15:14-19: si Cristo no hubiera resucitado, la fe y la predicación serían inútiles, no habría perdón de los pecados y toda la doctrina cristiana sería una falsedad. La iglesia siempre ha considerado esta festividad como la mayor.

La estación de Pascua es la gloriosa celebración de la resurrección de Jesús; es una estación de alabanza, cuando los cristianos glorifican al Cristo resucitado.

HISTORIA

Por la narración de los evangelios se sabe que la pasión del Señor coincidió con la celebración de la Pascua judía. La última cena fue la cena pascual que celebró Jesús con sus discípulos, un jueves, el día 15 del mes de Nisán, el plenilunio de primavera.

La Pascua, es decir, la resurrección, era el centro de la vida de la iglesia primitiva; era, y es, confesión de fe fundamental. Por la resurrección Dios confirmó a Jesús como el Mesías, su Hijo unigénito, el Salvador del mundo. La resurrección proclama que el Padre aceptó el pago, y todos los pecados son perdonados.

La Pascua se celebraba el primer día de cada semana desde el siglo 1, como se ve, en pasajes como Hechos 20:7. Cuando se comenzó a conmemorar la pasión y muerte del Salvador de manera especial en la primavera, cerca de la Pascua judía, cuando ocurrió históricamente, se estableció también de manera independiente la fiesta de la Pascua.

En los primeros siglos de la historia de la iglesia el número de adultos bautizados era muy grande, y los niños eran bautizados junto con sus padres, como se ve en Hechos 16:33. Los nuevos convertidos eran bautizados frecuentemente el domingo de Pascua; por eso, y con fundamento bíblico sólido, la Pascua se asoció con el Bautismo.

Los adultos candidatos al Bautismo pasaban por un largo período de instrucción, que podía extenderse por años; en las semanas previas al Bautismo, consideraban todo cuanto significaba, en términos de persecución y sufrimientos, hacerse cristianos. Probablemente ese período final de la preparación para el Bautismo es el origen de la estación de Cuaresma.

El inmenso significado de la Pascua, las expectativas que generaba, dio origen a una reunión previa al domingo de Pascua, que devino en la Vigila de Pascua. Cuando estuvo bien definida, la vigilia de la víspera de la Pascua era una celebración de gran solemnidad, de intenso significado espiritual y emocional. Ya era costumbre dejar en la oscuridad el recinto de reunión el Jueves y el Viernes de esa semana y cuando los fieles se reunían en la noche del sábado esperaban la primera luz del amanecer para proclamar: ¡Ha resucitado! y comenzar la celebración de la Pascua.

La vigilia pascual concluía con el bautismo de los nuevos convertidos, se celebraba así la resurrección de Jesús y la nueva vida que Dios ha dado por medio de la muerte y resurrección de Jesús a cada uno de los creyentes. Los bautizados se ataviaban con vestidos blancos nuevos para simbolizar su nueva vida en Cristo. Ése es probablemente el origen de la antigua tradición de estrenar ropa en la Pascua.

Durante los primeros siglos, la iglesia, conformada mayoritariamente por judíos conversos, parece que celebró tanto la Pascua judía como la Pascua cristiana. Pero hacia el siglo 4 la Pascua cristiana se constituyó en la celebración propia y única de la iglesia cristiana.

La historia de la celebración es muy rica en detalles; los hitos principales pueden describirse así: al comienzo toda la iglesia celebraba la Pascua en el plenilunio de primavera, pero pronto surgieron divergencias: la mayoría de las iglesias celebraban la resurrección en domingo, pero algunas iglesias de Asia Menor consideraron que debía celebrarse el 17 del mes de Nisán, independientemente del día de la semana en que cayera. A los defensores de esa posición se les dio el nombre de *cuartodecimanos*. Por otra parte, la diferencia entre el cómputo judío, que adoptaron los *cuartodecimanos* y muchos otros cristianos, y el cómputo astronómico real, utilizado por los demás, condujo a que en el siglo 4 la diferencia alcanzara los cuatro días, con lo que el inicio de la primavera se situaba no el 21 sino el 16 de marzo según el cómputo judío. Los cristianos que seguían el cómputo judío fueron acusados de celebrar la Pascua demasiado pronto y se les dio el nombre de *protopasquistas*. En el siglo 3 se habían hecho esfuerzos para unificar la fecha de la Pascua con fundamentos astronómicos, sin mucho éxito; en el siglo 4, el Concilio de Arlés ordenó que la Pascua se celebrara en todas partes el mismo día, pero la orden no fue cumplida y once años después, el Concilio de Nicea, en 325, puso punto final a la controversia. Se pueden resumir las disposiciones del Concilio de Nicea sobre la fecha de la Pascua así:

✦ Se celebra en domingo.

✦ No coincidirá con la Pascua judía, siempre será el domingo siguiente.

Pero las diferencias siguieron entre las iglesias de Oriente y Occidente hasta que en el siglo 6 Dionisio el Exiguo unificó la iglesia alrededor del cómputo oriental.

Como los cómputos seguían siendo defectuosos, llegó el momento en que, para evitar el corrimiento continuo de la Pascua, el Papa Gregorio XIII ordenó una reforma del sistema de cómputo y para ajustar todo a los tiempos del Concilio de Nicea, decidió, en el año 1582 suprimir 10 días, pasando del día 4 de octubre directamente al día 15. El calendario gregoriano de finales del siglo 16 se generalizó lentamente, los países católicos lo adoptaron antes de terminar el siglo, los países protestantes lo adoptaron en el siglo 17 y algunos rezagados como Turquía y Rusia lo hicieron en el siglo 20.

LECTURAS

Textos para el Domingo de Resurrección

Primera lectura:
- A: Hechos 10:34-43
- B: Isaías 25:6-9
- C: Salmo 118:14-24

Lecturas de las epístolas:
- A: Colosenses 3:14
- B: 1 Corintios 15:19-28
- C: 1 Corintios 15:1-11

Lecturas de los evangelios:
- A: Juan 20:1-9
- B: Marcos 16:1-8
- C: Lucas 24:1-11

Textos para el Segundo Domingo de Pascua

Primera lectura:
- A: Hechos 2:14a, 22-23
- B: Hechos 3:13, 15, 17-26
- C: Hechos 8:26-40

Lecturas de las epístolas:

A: 1 Pedro 1:3-9

B: 1 Juan 5:1-6

C: Apocalipsis 1:9-19

Lecturas de los evangelios:

A: Juan 20:19-31

B: Juan 20:19-31

C: Juan 20:19-31

Textos para el Tercer Domingo de Pascua

Primera lectura:

A: 2:14a, 36-47

B: 4:8-12

C: 5:27-42

Lecturas de las epístolas:

A: 1 Pedro 1:17-21

B: 2 Juan 1:1-22

C: Apocalipsis 5:1-14

Lecturas de los evangelios:

A: Lucas 24:13-34

B: Lucas 24:36-49

C: Juan 21:1-14

Textos para el Cuarto Domingo de Pascua

Primera lectura:

A: Hechos 6:1-9; 7:2a, 51-60

B: Hechos 4:23-33

C: Hechos 13:15, 26-33

Lecturas de las epístolas:

A: 1 Pedro 2:19-25

B: 1 Juan 3:1, 2

C: Apocalipsis 7:9-17

Lecturas de los evangelios:

A: Juan 10:1-10

B: Juan 10:11-18

C: Juan 10:22-30

Textos para el Quinto Domingo de Pascua

Primera lectura:

A: Hechos 17:1-15

B: Hechos 8:26-40

C: Hechos 13:44-52

Lecturas de las epístolas:

A: 1 Pedro 2:4-10

B: 1 Juan 3:18-24

C: Apocalipsis 20:1-5

Lecturas de los evangelios:

A: Juan 14:1-12

B: Juan 15:1-8

C: Juan 13:31-35

Textos para el Sexto Domingo de Pascua

Primera lectura:

A: Hechos 17:22-31

B: Hechos 11:19-30

C: Hechos 15:1, 2, 22-29

Lecturas de las epístolas:

A: 1 Pedro 3:15-22

B: 1 Juan 4:1-11

C: Apocalipsis 21:10-14, 22, 23

Lecturas de los evangelios:

A: Juan 14:15-21

B: Juan 15:9-17

C: Juan 14:23-29

Textos para el día de la Ascensión

Primera lectura:

A: Hechos 1:1-11

B: Hechos 1:1-11

C: Hechos 1:1-11

Lecturas de las epístolas:

A: Efesios 1:16-23

B: Efesios 1:16-23

C: Efesios 1:16-23

Lecturas de los evangelios:

A: Lucas 24:44-53

B: Lucas 24:44-53

C: Lucas 24:44-53

Textos para el Séptimo Domingo de Pascua

Primera lectura:

A: Hechos 1:8-14

B: Hechos 1:15-26

C: Hechos 7:55-60

Lecturas de las epístolas:

A: 1 Pedro 4:12-17; 5:6-11

B: 1 Juan 4:13-21

C: Apocalipsis 22:12-14, 16, 17, 20

Lecturas de los evangelios:

A: Juan 17:1-11

B: Juan 17:11b-19

C: Juan 17:20-26

COLORES

Amarillo: Es alternativa para el dorado.

Blanco: Se utiliza el Domingo de Pascua y el Domingo de Ascensión. Simboliza la esperanza de la resurrección, la pureza, la nueva vida que viene de la victoria sobre el pecado y la muerte. El blanco es también el color más utilizado durante los otros cinco domingos de Pascua.

Dorado: Es alternativa del blanco el Domingo de Pascua y el Domingo de Ascensión. Simboliza la luz que trae al mundo el resucitado Salvador; Cristo es la luz del mundo. El dorado es también símbolo de la exaltación de Jesucristo como Señor y Rey del universo. También es color elegible para los otros cinco domingos de Pascua.

Rojo: Es el color de la iglesia, y puede usarse durante toda la estación, excepto el Domingo de Pascua y el Domingo de Ascensión.

CELEBRACIÓN

Hay diversas maneras de celebrar la Pascua y varios énfasis que se pueden poner en la estación.

La vela pascual

Muchas congregaciones decoran el recinto con la vela pascual, una vela grande que se enciende la mañana de Pascua y nuevamente cada domingo de la estación, hasta la Ascensión. También suelen encenderla cada vez que se celebra un Bautismo.

La vigilia de Pascua

Desde los primeros días de la iglesia, la vigilia de Pascua de la víspera fue el principal evento en la observación de la Pascua. Esta práctica ha llegado a la actualidad en el servicio de Pascua al amanecer que es tan apreciado por muchos. La vigilia puede comenzar en cualquier momento después del atardecer del sábado. Muchas iglesias comienzan la celebración antes del amanecer del domingo, con lecturas del evangelio y cantos de alabanza.

El servicio de la luz

Es una forma que toma la vigila de Pascua, una tradición que viene del siglo 5, se centra en la vela pascual, que representa la vida y luz de Cristo. Tiene su mayor significado en las tradiciones que acostumbran un Servicio de Tinieblas el Viernes Santo. La congregación se reúne en el recinto en tinieblas, cada asistente porta una vela; se enciende entonces una llama, que puede ser el cirio pascual o un "nuevo fuego" encendido en la oscuridad. Todos los asistentes encienden sus velas en esta llama mientras cantan alabanzas. Hay un efecto visual muy rico en significado, por el retorno de la luz, que simboliza la resurrección de Jesús, la luz del mundo, que irradia su luz que disipa la oscuridad de la muerte y del pecado.

Cuando el lugar está iluminado, se celebra el Bautismo si hay candidatos, y se exhorta a los fieles a renovar el Bautismo en su profundo significado. El servicio continúa con lecturas del Antiguo y del Nuevo Testamentos que anuncian la victoria de Dios en la Pascua. La Santa Comunión comienza con la feliz proclamación de que Cristo ha resucitado.

Bautismo

Aunque en la actualidad no es frecuente que sea necesario bautizar adultos, la vigilia de Pascua puede ser una preciosa ocasión para celebrar Bautismos, y puede ayudar a los miembros de la congregación a recordar la importancia de su Bautismo.

Cantata de Pascua

Una forma de celebrar la Pascua que ya tiene larga tradición en muchas iglesias es la Cantata de Pascua, presentada por el coro de la iglesia, aprovechando el riquísimo repertorio propio para la ocasión, que es patrimonio de la cristiandad principalmente a partir de J. S. Bach.

Jardín de Pascua o tumba vacía

A la manera del pesebre de Adviento y Navidad, el jardín de Pascua es la representación de la tumba en que fue puesto Jesús. Es deseable que sea fiel a la historia y que destaque que se trata de una tumba vacía. Si es posible se pone una luz adentro o una vela blanca cerca.

Los huevos de Pascua

Es una tradición que nació de la costumbre que en un tiempo tuvieron algunas iglesias de dejar de comer huevos durante la estación de Cuaresma, y volverlos a comer en la Pascua. Las congregaciones que conservan la tradición, colorean de rojo, para simbolizar la alegría de la Pascua, huevos de chocolate y los dejan en una mesa, a disposición de los fieles. En algunas congregaciones los amigos y familiares se regalan huevos de Pascua.

MITAD NO FESTIVA

IX. LA ESTACIÓN DESPUÉS DE PENTECOSTÉS O DESPUÉS DE TRINIDAD

DEFINICIÓN

La palabra *pentecostés* es la transliteración de la palabra griega πεντηκοστή, derivada de la expresión πεντηκοστῆς ἡμέρα, que significa quincuagésimo día. Se refiere a la fiesta de la siega, o de las cosechas, ordenada por Dios para ser celebrada siete semanas después de comenzar la siega (Éxodo 23:16; 34:22; Levítico 23:15, 16; Deuteronomio 16:9). Como la promesa de Jesús de enviar el Espíritu Santo se cumplió en la fiesta de Pentecostés inmediatamente después de su ascensión, para la iglesia cristiana Pentecostés es la fiesta que se celebra siete semanas después del Domingo de Resurrección, para conmemorar la venida del Espíritu Santo.

Trinidad es el domingo dedicado a la doctrina de la Santísima Trinidad, es el día en que los cristianos honran en forma especial a la Trinidad, el Dios Trino, el Dios de la Biblia, el único y verdadero Dios.

ESTACIÓN DESPUÉS DE PENTECOSTÉS O DESPUÉS DE TRINIDAD

Como ya se dijo, hay dos tradiciones respecto de la segunda mitad del año eclesiástico: una comprende todos los domingos después del Domingo de Pentecostés, la otra comprende todos los domingos después del Domingo de Trinidad. La duración difiere en un domingo.

Esta estación es llamada también, en algunas tradiciones, Tiempo Ordinario, con el significado de Tiempo Contado (Primer Domingo Después de Pentecostés, etc.).

DURACIÓN Y DÍAS ESPECIALES

Es la estación más larga del año eclesiástico, comprende 33 ó 34 semanas en algunas tradiciones, y 26 ó 27 semanas más Pentecostés y Trinidad en el sistema que se ha adoptado aquí. Va desde el Domingo de Pentecostés o desde el Domingo de Trinidad hasta el cuarto domingo anterior al primer Domingo de Adviento. Esta estación se llama también *mitad no festiva* del año eclesiástico, porque en ella no se celebra ningún aspecto peculiar del ministerio de Cristo, como sí ocurre en las otras estaciones. Comprende dos días especiales: Pentecostés y Trinidad.

El Domingo de Pentecostés

Cae cincuenta días después de la Pascua, el séptimo domingo; es la última gran festividad del año eclesiástico, en la que la iglesia medita en los eventos narrados en Hechos 2, se regocija y da gracias por ellos. Ese día fueron llevadas a la fe unas tres mil personas. Los cristianos han considerado ese evento como la fundación de la iglesia.

En cumplimiento de la promesa de Jesús, el Espíritu Santo enviado por el Padre y el Hijo, vino sobre los discípulos reunidos en Jerusalén ese domingo, y les dio poder para predicar en sus propios idiomas a gentes de todas las naciones que habían ido a la ciudad para celebrar la fiesta de Pentecostés. Los discípulos, que habían estado vacilantes, escondidos, llenos de temor fueron convertidos por el Espíritu Santo en valientes testigos de Jesucristo. Pedro, inspirado, pronunció un sermón y por medio de la Palabra proclamada por él, el Espíritu Santo obró la fe en miles de personas.

SIGNIFICADO Y ESPÍRITU

El Pentecostés era originalmente una fiesta de recolección y por eso era una fiesta de alegría y acción de gracias por la cosecha. Ese espíritu de alegría y gratitud es también característico de la fiesta cristiana de Pentecostés y de la estación que le sigue. La iglesia se regocija porque por medio de la Palabra leída, escuchada, predicada y enseñada, y por medio de los sacramentos, el Espíritu

Santo sigue obrando y fortaleciendo la fe en los corazones.

La iglesia da gracias a Dios por su misericordia, porque obra la fe salvadora en el corazón humano, sin ningún mérito ni colaboración del hombre, como enseña Pablo en Efesios 2:8, 9.

El creyente ve fortalecida su fe porque Cristo cumplió su promesa de enviar el Espíritu Santo como consolador, consejero, santificador, iluminador, fuente de paz y gozo.

La estación de Pentecostés considera la amorosa obra del Espíritu Santo que da a los creyentes el poder para ser testigos de Jesucristo; se centra en la iglesia, en su obra misionera; los fieles son llamados a celebrar la continuación de la obra de Dios en el mundo por medio de su pueblo y a reconocer y reflejar este propósito, misión y llamado como pueblo de Dios. Pentecostés es una estación de evangelismo.

HISTORIA

El Pentecostés fue originalmente una festividad del Antiguo Testamento, se llamó Fiesta de las Semanas; era una festividad para celebrar y dar gracias a Dios por los primeros frutos de la cosecha de primavera (Levítico 23, Éxodo 23, 34). Más tarde adquirió carácter de fiesta histórica, que recordaba la promulgación de la ley en el Sinaí.

En la primera fiesta de Pentecostés, después de la ascensión del Señor Jesús, descendió el Espíritu Santo en forma de lenguas de fuego sobre la primera comunidad cristiana de Jerusalén; todos quedaron llenos del Espíritu Santo y empezaron a hablar en "lenguas extrañas" (Hechos 2:1-4). Desde entonces se celebra con esta connotación en la iglesia cristiana.

El Domingo de Trinidad

Fue la reacción de la iglesia a una herejía. En el siglo 4, un teólogo libio llamado Arrio afirmó que el Hijo no era co-igual o coeterno con el Padre; esa afirmación generó una controversia muy aguda, en la que Arrio encontró varios adeptos. Después de cinco años de violenta controversia, para dirimirla definitivamente, el emperador Constantino convocó el Concilio de Nicea en el que el principal contendor de Arrio fue Atanasio, quien con sus argumentos persuadió al Concilio para que afirmara la absoluta unidad de la esencia divina y la absoluta igualdad de las tres personas. El arrianismo tuvo su mayor difusión en el norte de Europa y, por esa razón, para combatirlo, las iglesias de esa región decidieron celebrar el Domingo de Trinidad una semana después de Pentecostés.

El Credo Atanasiano, escrito probablemente en el siglo 5, expone claramente la doctrina de la Trinidad, la deidad de Jesús y la igualdad de las tres personas. Se usa para expresar la fe de la iglesia el Domingo de Trinidad en muchas congregaciones.

COLORES

Blanco: Es el color tradicional del Domingo de Trinidad.

Dorado: Es alternativo al blanco el Domingo de Trinidad.

Rojo: Es el color de la iglesia y por ende el color tradicional para el Domingo de Pentecostés. Algunas iglesias lo usan para los domingos entre Pascua y Pentecostés. El rojo simboliza el fuego del Pentecostés, el símbolo del Espíritu Santo.

Verde: Es el color litúrgico de todos los domingos de la estación. Es tradicional el verde oscuro, aunque también se usan otros matices. El verde simboliza el crecimiento.

LECTURAS

Textos para el Domingo de Pentecostés

Lecturas del Antiguo Testamento:

- A: Joel 2:28, 29
- B: Ezequiel 37:1-14
- C: Génesis 11:1-9

Lecturas de las epístolas:

- A: Hechos 2:1-21
- B: Hechos 2:22-36
- C: Hechos 2:1-21

Lecturas de los evangelios:

- A: Juan 16:5-11
- B: Juan 7:37-39a
- C: Juan 15:26, 27; 16:4-11

Textos para el Primer Domingo después de Pentecostés – La Santísima Trinidad

Lecturas del Antiguo Testamento:

A: Deuteronomio 4:32-34, 39, 40

B: Deuteronomio 6:4-9

C: Número 6:22-27

Lecturas de las epístolas:

A: 2 Corintios 13:11-14

B: Romanos 8:14-17

C: Romanos 5:1-5

Lecturas de los evangelios:

A: Mateo 28:16-20

B: Juan 3:1-17

C: Juan 16:12-15

Textos para el Segundo Domingo después de Pentecostés

Lecturas del Antiguo Testamento:

A: Deuteronomio 11:18-21

B: Deuteronomio 5:12-15

C: 1 Reyes 8:41-43

Lecturas de las epístolas:

A: Romanos 3:21-25a

B: 2 Corintios 4:5-12

C: Gálatas 1:1-10

Lecturas de los evangelios:

A: Mateo 7:21-29

B: Marcos 2:23-28

C: Lucas 7:1-10

Textos para el Tercer Domingo después de Pentecostés

Lecturas del Antiguo Testamento:

A: Oseas 5:15-6:6

B: Génesis 3:9-15

C: 1 Reyes 17:17-24

Lecturas de las epístolas:
- A: Romanos 4:18-25
- B: 2 Corintios 4:13-18
- C: Gálatas 1:11-24

Lecturas de los evangelios:
- A: Mateo 9:9-13
- B: Marcos 3:20-35
- C: Lucas 7:11-17

Textos para el Cuarto Domingo después de Pentecostés

Lecturas del Antiguo Testamento:
- A: Éxodo 19:2-8a
- B: Ezequiel 17:22-24
- C: 2 Samuel 12:1-10, 13

Lecturas de las epístolas:
- A: Romanos 5:6-11
- B: 2 Corintios 5:1-10

Lecturas de los evangelios:
- A: Mateo 9:35-10:8
- B: Marcos 4:26-34
- C: Lucas 7:36-50

Textos para el Quinto Domingo después de Pentecostés

Lecturas del Antiguo Testamento:
- A: Jeremías 20:7-13
- B: Job 38:1-11
- C: Zacarías 12:7-10

Lecturas de las epístolas:
- A: Romanos 5:12-15
- B: 2 Corintios 5:14-21
- C: Gálatas 3:26-29

Lecturas de los evangelios:
- A: Mateo 10:24-33
- B: Marcos 4:35-41
- C: Lucas 9:18-24

Textos para el Sexto Domingo después de Pentecostés

Lecturas del Antiguo Testamento:

A: Jeremías 28:5-9

B: Lamentaciones 3:22-33

C: 1 Reyes 19:14-21

Lecturas de las epístolas:

A: Romanos 6:1b-11

B: 2 Corintios 8:1-9, 13, 14, 21-24a

C: Gálatas 5:1, 13-25

Lecturas de los evangelios:

A: Mateo 10:34-42

B: Marcos 5:21-24a, 35-43

C: Lucas 9:51-62

Textos para el Séptimo Domingo después de Pentecostés

Lecturas del Antiguo Testamento:

A: Zacarías 9:9-12

B: Ezequiel 2:1-5

C: Isaías 66:10-14

Lecturas de las epístolas:

A: Romanos 7:15-25a

B: 2 Corintios 12:7-10

C: Gálatas 6:1-10, 14-16

Lecturas de los evangelios:

A: Mateo 11:25-30

B: Marcos 6:1-6

C: Lucas 10:1-9, 16

Textos para el Octavo Domingo después de Pentecostés

Lecturas del Antiguo Testamento:

A: Isaías 55:10, 11

B: Amós 7:10-15

C: Deuteronomio 30:9-14

Lecturas de las epístolas:

A: Romanos 8:18-25

B: Efesios 1:3-14

C: Colosenses 1:1-14

Lecturas de los evangelios:
- A: Mateo 13:1-9, (18-23)
- B: Marcos 6:7-13
- C: Lucas 10:25-37

Textos para el Noveno Domingo después de Pentecostés

Lecturas del Antiguo Testamento:
- A: Isaías 44:6-8
- B: Jeremías 23:1-6
- C: Proverbios 8:22-35

Lecturas de las epístolas:
- A: Romanos 8:26, 27
- B: Efesios 2:13-22
- C: Colosenses 1:21-28

Lecturas de los evangelios:
- A: Mateo 13:24-30, (36-43)
- B: Marcos 6:30-34
- C: Lucas 10:38-42

Textos para el Décimo Domingo después de Pentecostés

Lecturas del Antiguo Testamento:
- A: 1 Reyes 3:5-12
- B: Éxodo 24:3-11
- C: Génesis 18:20-32

Lecturas de las epístolas:
- A: Romanos 8:28-30
- B: Efesios 4:1-7, 11-16
- C: Colosenses 2:6-15

Lecturas de los evangelios:
- A: Mateo 13:44-52
- B: Juan 6:1-15
- C: Lucas 11:1-13

Textos para el Undécimo Domingo después de Pentecostés

Lecturas del Antiguo Testamento:

A: Isaías 55:1-5

B: Éxodo 16:2-15

C: Eclesiastés 1:2, 18-26

Lecturas de las epístolas:

A: Romanos 8:35-39

B: Efesios 4:17-24

C: Colosenses 3:1-11

Lecturas de los evangelios:

A: Mateo 14:13-21

B: Juan 6:24-35

C: Lucas 12:13-21

Textos para el Duodécimo Domingo después de Pentecostés

Lecturas del Antiguo Testamento:

A: 1 Reyes 19:9-18

B: 1 Reyes 19:4-8

C: Génesis 15:1-6

Lecturas de las epístolas:

A: Romanos 9:1-5

B: Efesios 4:30-52

C: Hebreos 11:1-3, 8-16

Lecturas de los evangelios:

A: Mateo 14:22-33

B: Juan 6:41-51

C: Lucas 12:32-40

Textos para el Décimotercer Domingo después de Pentecostés

Lecturas del Antiguo Testamento:

A: Isaías 56:1, 6-8

B: Proverbios 9:1-6

C: Jeremías 23:23-29

Lecturas de las epístolas:
- A: Romanos 11:13-15, 29-32
- B: Efesios 5:15-20
- C: Hebreos 12:1-13

Lecturas de los evangelios:
- A: Mateo 15:21-28
- B: Juan 6:51-58
- C: Lucas 12:49-53

Textos para el Decimocuarto Domingo después de Pentecostés

Lecturas del Antiguo Testamento:
- A: Éxodo 6:2-8
- B: Josué 24:1, 2a, 14-18
- C: Isaías 66:18-23

Lecturas de las epístolas:
- A: Romanos 11:33-36
- B: Efesios 5:21-31
- C: Hebreos 12:18-24

Lecturas de los evangelios:
- A: Mateo 16:13-20
- B: Juan 6:60-69
- C: Lucas 13:22-30

Textos para el Decimoquinto Domingo después de Pentecostés

Lecturas del Antiguo Testamento:
- A: Jeremías 15:15-21
- B: Deuteronomio 4:1-2, 6-8
- C: Proverbios 25:6-22

Lecturas de las epístolas:
- A: Romanos 12:1-8
- B: Efesios 6:10-20
- C: Romanos 12:14-21

Lecturas de los evangelios:
A: Mateo 16:21-26
B: Marcos 7:1-8, 14, 15, 21-23
C: Lucas 14:1, 7-14

Textos para el Decimosexto Domingo después de Pentecostés

Lecturas del Antiguo Testamento:
A: Ezequiel 33:7-9
B: Isaías 35:4-7a
C: Proverbios 9:8-12

Lecturas de las epístolas:
A: Romanos 13:1-10
B: Santiago 1:17-22, 26, 27
C: Filemón 1:7-17

Lecturas de los evangelios:
A: Mateo 18:15-20
B: Marcos 7:31-37
C: Lucas 14:25-33

Textos para el Decimoséptimo Domingo después de Pentecostés

Lecturas del Antiguo Testamento:
A: Génesis 50:15-21
B: Isaías 50:4-10
C: Éxodo 32:7-14

Lecturas de las epístolas:
A: Romanos 14:5-9
B: Santiago 2:1-5, 8-10, 14-18
C: 1 Timoteo 1:12-17

Lecturas de los evangelios:
A: Mateo 18:21-35
B: Marcos 8:27-35
C: Lucas 15:1-10

Textos para el Decimoctavo Domingo después de Pentecostés

Lecturas del Antiguo Testamento:

A: Isaías 55:6-9

B: Jeremías 11:18-20

C: Amós 8:4-7

Lecturas de las epístolas:

A: Filipenses 1:1-5, 19-27

B: Santiago 3:16-4:6

C: 1 Timoteo 2:1-18

Lecturas de los evangelios:

A: Mateo 20:1-16

B: Marcos 9:30-37

C: Lucas 16:1-13

Textos para el Decimonoveno Domingo después de Pentecostés

Lecturas del Antiguo Testamento:

A: Ezequiel 18:1-4, 25-32

B: Números 11:4-6, 10-16, 24-29

C: Amós 6:1-7

Lecturas de las epístolas:

A: Filipenses 2:1-5 (6-11)

B: Santiago 4:7-12

C: 1 Timoteo 6:11-16

Lecturas de los evangelios:

A: Mateo 21:28-32

B: Marcos 9:38-50

C: Lucas 16:19-31

Textos para el Vigésimo Domingo después de Pentecostés

Lecturas del Antiguo Testamento:

A: Isaías 5:1-7

B: Génesis 2:18-24

C: Habacuc 1:2, 3; 2:2-4

Lecturas de las epístolas:
- A: Filipenses 3:12-21
- B: Hebreos 2:9-11
- C: 2 Timoteo 1:3-14

Lecturas de los evangelios:
- A: Mateo 21:33-43
- B: Marcos 10:2-16
- C: Lucas 17:1-10

Textos para el Vigésimo Primer Domingo después de Pentecostés

Lecturas del Antiguo Testamento:
- A: Isaías 25:6-9
- B: Amós 5:6, 7, 10-15
- C: Rut 1:1-19

Lecturas de las epístolas:
- A: Filipenses 4:4-13
- B: Hebreos 3:1-6
- C: 2 Timoteo 1:8-12

Lecturas de los evangelios:
- A: Mateo 22:1-10
- B: Marcos 10:17-27
- C: Lucas 17:11-19

Textos para el Vigésimo Segundo Domingo después de Pentecostés

Lecturas del Antiguo Testamento:
- A: Isaías 45:1-7
- B: Isaías 53:10-12
- C: Génesis 32:22-30

Lecturas de las epístolas:
- A: 1 Tesalonicenses 1:1-5a
- B: Hebreos 4:9-16
- C: 2 Timoteo 3:14-4:5

Lecturas de los evangelios:
- A: Mateo 22:15-21
- B: Marcos 10:35-45
- C: Lucas 18:1-8

Textos para el Vigésimo Tercer Domingo después de Pentecostés

Lecturas del Antiguo Testamento:
- A: Levítico 19:1, 2, 15-18
- B: Jeremías 31:7-9
- C: Deuteronomio 10:12-22

Lecturas de las epístolas:
- A: 1 Tesalonicenses 1:5b-10
- B: Hebreos 5:1-10
- C: 2 Timoteo 4:6-8, 16-18

Lecturas de los evangelios:
- A: Mateo 22:34-40, (41-46)
- B: Marcos 10:46-52
- C: Lucas 18:9-14

Textos para el Vigésimo Cuarto Domingo después de Pentecostés

Lecturas del Antiguo Testamento:
- A: Amós 5:18-24
- B: Deuteronomio 6:1-9
- C: Éxodo 34:5-9

Lecturas de las epístolas:
- A: 1 Tesalonicenses 4:13, 14 (15-18)
- B: Hebreos 7:23-28
- C: 2 Tesalonicenses 1:1-5, 11-12

Lecturas de los evangelios:
- A: Mateo 25:1-13
- B: Marcos 12:28-34
- C: Lucas 19:1-10

Textos para el Último Domingo después de Pentecostés

Lecturas del Antiguo Testamento:

A: Ezequiel 34:11-16, 23, 24

B: Isaías 51:4-6

C: Jeremías 23:2-6

Lecturas de las epístolas:

A: 1 Corintios 15:20-28

B: Apocalipsis 1:4b-8

C: Colosenses 1:13-20

Lecturas de los evangelios:

A: Mateo 25:31-46

B: Juan 18:33-37

C: Lucas 23:35-43

X. LOS TIEMPOS FINALES

DEFINICIÓN

En el sistema adoptado, los últimos cuatro domingos antes de Adviento, tienen la denominación común de Tiempos Finales. Los temas son, en su orden: La Reforma, El Juicio Final, Los Santos Triunfantes, y Cristo el Rey.

DOMINGO DE LA REFORMA

El Domingo de la Reforma conmemora la fijación de las noventa y cinco tesis de Martín Lutero en la puerta de la iglesia del Castillo de Wittenberg el 31 de octubre de 1517, dando origen así al proceso histórico que se conoce como La Reforma. En este sistema se celebra el octavo domingo antes del 25 de diciembre.

COLOR

Rojo: recuerda al Espíritu Santo que descendió sobre los seguidores de Cristo en forma de lenguas de fuego en Pentecostés. Y el mismo Espíritu Santo obró la fe salvadora en Martín Lutero, por medio de la Palabra, que él escudriñó intensamente. El mismo Espíritu lo llevó a fijar sus noventa y cinco tesis y le dio el valor y la sabiduría para emprender la reforma en la iglesia.

LECTURAS

Lecturas del Antiguo Testamento:

A. Jeremías 31:31-34
B. Jeremías 18:1-11
C: Jeremías 31:31-34

Lecturas de las epístolas:

A: Romanos 3:19-28

B. Apocalipsis 14:6, 7

C: Romanos 3:19-28

Lecturas de los evangelios:

A. Juan 8:31-36

B: Marcos 13:5-11

C: Juan 8:31-36

EL JUICIO FINAL

El séptimo domingo antes del 25 de diciembre se dedica al tema del juicio final.

La Biblia menciona varias veces el juicio final y afirma que el Señor Jesucristo vendrá de nuevo con gloria para juzgar a vivos y muertos, y su reino no tendrá fin. El juicio final sucederá cuando vuelva Cristo glorioso, con gran poder y majestad, rodeado de sus ángeles, como juez supremo. Sólo Dios Padre conoce el día y la hora de la segunda venida del Salvador.

COLOR

Rojo: El color de la realeza.

LECTURAS

Lecturas del Antiguo Testamento:

A: Daniel 7:9-10

B: Malaquías 4:1-2 a

C: Jeremías 26:1-6

Lecturas de las epístolas:

A: 1 Tesalonicenses 5:1-11

B: Hebreos 9:24-28

C: 2 Tesalonicenses 1:5-10

Lecturas de los evangelios:

A: Mateo 25:31-46

B: Juan 5:19-24

C: Lucas 19:11-27

LOS SANTOS TRIUNFANTES

Es la celebración del triunfo final de los creyentes en Cristo, prometido en los textos que se han seleccionado, y en muchos otros pasajes bíblicos.

COLOR

Blanco: El color de la iglesia.

LECTURAS

Lecturas del Antiguo Testamento:
- A: Isaías 52:1-6
- B: Daniel 12:1-3
- C: Isaías 65:17-28

Lecturas de las epístolas:
- A: 1 Tesalonicenses 4:13-18
- B: Hebreos 10:11-18
- C: 2 Tesalonicenses 2:13-3:5

Lecturas de los evangelios:
- A: Mateo 25:1-13
- B: Juan 5:25-29
- C: Lucas 20:17-38

CRISTO EL REY

El último domingo del año eclesiástico se ha dedicado a la exaltación de Cristo el Rey. Es la celebración de más reciente tradición en la iglesia cristiana, fue instituida en la primera mitad del siglo 20.

COLOR

Blanco: Es el color tradicional, pero puede ser sustituido por el dorado.

LECTURAS

Lecturas del Antiguo Testamento:
- A: Ezequiel 34:11-16, 23, 24
- B: Daniel 7:13, 14
- C: Jeremías 23:2-6

Lecturas de las epístolas:
- A: 1 Corintios 15:20-28
- B: Apocalipsis 1:4b-8
- C: Colosenses 1:13-20

Lecturas de los evangelios:
- A: Mateo 27:27-31
- B: Juan 18:33-37
- C: Lucas 23:38-4

XI. LAS FIESTAS MENORES

DEFINICIÓN

Las Fiestas Menores del Calendario Eclesiástico son celebraciones de alabanza y gratitud a Dios por acontecimientos de la vida terrenal del Señor Jesucristo y por la obra de Cristo en la vida de los santos, especialmente los mencionados en la Biblia. Se les da el nombre de menores para distinguirlas de las fiestas principales.

HISTORIA

La mayor parte de la fiestas menores comenzaron a celebrarse en los primeros siglos de la historia de la iglesia, algunas son anteriores al Adviento y a la Navidad.

Martín Lutero conservó en el calendario eclesiástico la mayor parte de las fiestas menores que se celebraban en sus días.

CELEBRACIÓN

En las iglesias litúrgicas hay dos posiciones tradicionales respecto del día de la celebración de las fiestas menores: algunas iglesias prescriben que ninguna fiesta menor se celebra en domingo, porque ése es el día dedicado desde el principio para celebrar la resurrección del Salvador. Si la fecha de la fiesta menor cae en domingo, la celebración, si se hace, será el lunes siguiente, u otro día durante la semana.

Otras iglesias consideran los énfasis en las fiestas menores como una oportunidad de presentar otros aspectos de la palabra de Dios y de la vida de la iglesia y de los fieles, que son apropiados para la proclamación dominical. Cuando la fiesta cae en domingo, sustituyen los propios del día (las lecturas previstas en el leccionario), por lecturas propias de la fiesta menor. La mayoría de las iglesias que celebran fiestas menores en domingo las limitan a los domingos cuyo color propio es el verde.

Cuando la celebración se hace en día diferente al domingo, generalmente tiene una sola lectura, en lugar de las tres que se utilizan los domingos.

Las fiestas menores reconocidas y observadas por la mayoría de las iglesias, actualmente, son, en orden cronológico:

Enero 1: El Nombre de Jesús
Textos sugeridos: Mateo 1:20-23
Lucas 1:31-33

Enero 18: La Confesión de San Pedro
Textos sugeridos: Mateo 16:15-18
Marcos 8:27-30
Juan 6:66-69

Enero 25: La Conversión de San Pablo
Textos sugeridos: Hechos 9:1-6, 10-17
Hechos 22:6-21
Hechos 26:12-18

Enero 26: San Timoteo, Pastor y Confesor
Textos sugeridos: 1 Timoteo 1:1-11
2 Timoteo 1:3-9
Hechos 16:1-5

Enero 26: San Tito, Pastor y Confesor
Textos sugeridos: Tito 1:1-5
2 Corintios 8:16-24

Febrero 2: La Presentación de Nuestro Señor
Textos sugeridos: Lc. 2:22-38
Isaías 49:6, 7

Marzo 19: San José
Textos sugeridos: Mateo 2:13-15
Lucas 2:1-7

Marzo 25: La Anunciación de Nuestro Señor
Textos sugeridos: Lucas 1:26-38
Isaías 7:10-14

Abril 25: San Marcos Evangelista
Textos sugeridos: Mateo 4:18-22
Marcos 1:14-18

Mayo 1: San Felipe Apóstol, Santiago
Textos sugeridos: Mateo 10:1-15
Juan 1:43-46

Mayo 31: La Visitación
Texto sugerido: Lucas 1:39-45

Junio 11: San Bernabé Apóstol
Textos sugeridos: Hechos 9:26-31
Hechos 11:22-30

Junio 24: La Natividad de San Juan Bautista
Textos sugeridos: Lucas 1:57-66
Isaías 40:1-10

Junio 29: San Pedro y San Pablo Apóstoles
Textos sugeridos: Juan 1:35-42
Filipenses 3:8-10

Julio 22: Santa María Magdalena
Textos sugeridos: Mateo 27:55-61; 28:1-10
Juan 20:11-18

Julio 25: Santiago el Mayor Apóstol
Textos sugeridos: Santiago 1:1-11
Mateo 20:20-28

Agosto 15: Santa María Madre de Nuestro Señor
Textos sugeridos: Lucas 1:46-49
Juan 2:1-12

Agosto 24: San Bartolomé Apóstol
Textos sugeridos: Lucas 6:12-16
Hechos 12:12-14

Setiembre 21: San Mateo Apóstol
Texto sugerido: Mateo 9:9-12

Setiembre 29: San Miguel y Todos los Ángeles
Textos sugeridos: Daniel 10:12-21
Mateo 13:36-42
Judas 9

Octubre 18: San Lucas Evangelista
Texto sugerido: Lucas 1:1-4

Octubre 28: San Judas Apóstol
Texto sugerido: Juan 14:22, 23

Noviembre 1: día de Todos los Santos
Textos sugeridos: Efesios 1:3-10
Apocalipsis 7:9-17

Noviembre 30: San Andrés Apóstol
Textos sugeridos: Mateo 4:18-22
Juan 1:35-42

Diciembre 21: Santo Tomás Apóstol
Texto sugerido: Juan 20:24-29

Diciembre 26: San Esteban Diácono y Mártir
Textos sugeridos: Hechos 6:8-55
Hechos 7:56-60

Diciembre 27: San Juan Apóstol y Evangelista
Textos sugeridos: Juan 3:16-21
1 Juan 1:1-10

Diciembre 28: Los Santos Inocentes Mártires
Textos sugeridos: Mateo 2:16-20
Jeremías 31:15

Diciembre 31: día de Año Nuevo
Texto sugerido: Salmo 121:1, 2

BIBLIOGRAFÍA

Berganini, Augusto. *Cristo, Fiesta de la Iglesia*. Editorial San Pablo, Bogotá, 1985.

Denis-Boulet, Noele M. *El calendario cristiano*. Editorial Casal i Vall, Andorra, 1961.

González, Justo L. *Historia del Pensamiento Cristiano*. Editorial Caribe, Nashville, 2002.

Kempff, Bernd, Huebner. *Predicando a Cristo*. Editorial Concordia, Saint Louis, 2003.

Lauersdorf, Richard F. *With Our Eyes on Jesus*: *Devotions On The Minor Festivals Of The Church Year*. Northwestern Publishing House, Milwaukee, 2000.

Martimor, A. G. *La iglesia en oración – Introducción a la liturgia*. Herder, Barcelona, 1987.

Publicaciones El Escudo: *Culto Cristiano*. Concordia Publishing House, 1995.

Walker, Williston. *Historia de la iglesia cristiana*. Editorial La Aurora, Buenos Aires, 1957.